人を動かしたいなら、「やれ」と言ってはいけない

思い通りに部下が動く
〝すごい〟伝え方

小山 昇
株式会社武蔵野
代表取締役社長

はじめに

「部下が動いてくれない」

「社員が言うことを聞いてくれない」

私のところに相談にくる社長や幹部は、常にこんなストレスを抱えています。

なぜ「株式会社武蔵野」の社員は社長の言う通り動くのか、その理由を知りたがっている人に対して、私はこう言いたい。

「『やれ』と言っても、言うことを聞かないのは、当たり前」である。


私は、人の基本姿勢を次のように考えています。
- ラクして高い給料をもらいたい
- 面倒なことはやりたくない
- ほめられたいし、人に勝《か》てるとうれしいこうした「人間心理」を無視して、「新しいことをやれ」「もっと仕事をしろ」などと言っても、効果はありません。

「しくみ」「ルール」もそうです。

私は多くの「しくみづくり」の本を書いたが、ただしくみをつくるだけではダメです。


何が足りないのか、ここで質問に答えながら考えてください。

問題1　新たなIT機器を導入するとき、あなたなら、どんな人を社内講師にするでしょうか？

多くの方はITに強い人、積極的な人、教えるのがうまい人を挙げるでしょう。

あなたもそうではないでしょうか？

私の答えは逆です。

年配で、ＩＴ機器に一番疎《うと》そうな人。

確かに選ばれた社員は大変です。自分が苦手な分野の講師をしなければならないのですから。

でも、そんな社員が講師として教えたら、周りにいる人はどう思うでしょう？

- あいつができるなら俺もできる
- あいつに負けるなんて、そんなことは自分に許せない

と、頑張ります。

私は、60歳のパート社員にＩＴ機器の使い方を最初に教えて、先生にしたが、その人から、

「○○さん、若いのに物覚え悪いね」

と言われたらどうでしょう？

ショックで頑張るのではないでしょうか。

これがもともとＩＴに強い人が教えていたら、

- あいつは頭がいいからできるんだ。自分はできなくてもしかたない

- 何かあったら、あいつに聞けばいいや

と考え、怠けます。

さらに人間心理を読み解けば、誰もが「できるやつ」は嫌いです。学校時代に、学年で一番成績がよくてスポーツもできて顔立ちが整っていて、しかも女性にモテる人と比べられたら嫌でしょう？

そんな人を講師にするほうが、間違っています。

それに、「一番疎そうな人」や「もともと苦手な人」は、丁寧な教え方ができます。

これこそ一石二鳥です。

人を動かすには「心理」が大事です（お金も大事ですが）。

人の心理がわかるかで差が出ます。

人の上に立つ人にとって、「鈍感」は「犯罪」です。

「鈍感」と一度でも言われたことがあるあなたは、気を付けてください。

問題2 ルールを守らない社員にどうルールを守らせるのか

私の答えは、「社長もルールを守る」です。

私が株式会社武蔵野の社長になった当初、社員の運転マナーは、目も当てられないものでした。

上岡佳之（現・部長）と佐々木大志（現・課長）が、社用車2台で本社に向かう途中、信号待ちの一時停止で、前を行く上岡のクルマはジリジリとバック、佐々木のクルマはジリジリと前進。互いに車体を軽くぶつけて、じゃれ合うように遊んでいたこともありました。

普段からこのような調子で、運転は、相当に荒っぽい。人身事故も、クルマが大破する事故も起きました。

酒気帯び運転もめずらしくなくて、お酒を飲んだあと、検問から逃げようとして事故を起こし、お縄になったアルバイトもいました。本当の話です。

「さすがにこれではいけない」と、運転マナー違反や交通事故に関するルールを設け、「酒気帯び運転をした場合、罰金7万円」を課したところ、「罰金を払いたくない」という不純な動機が抑止力となって、交通事故が明らかに減りました。

不純な動機に訴えかける「ルール」が、人の気持ちと、人の動きを変えた。

ところが、このルールが裏目に出たことがあります。

武蔵野は、日本経営品質賞（公益財団法人日本生産性本部が設立。「マルコム・ボルドリッジ国家品質賞」「欧州経営品質賞」に並ぶ賞）を2000年度、2010年度と2度、受賞しています。

実は、1999年度の日本経営品質賞もチャレンジしていたが、この年は落選。落選した理由は、わが社の「法律違反」にありました。

選考の最中に、審査委員の1人から、次のようなご指摘をいただきました。

「御社には、『酒気帯び運転をした場合、罰金7万円』というルールがあります。社員から罰金を取るのは、法律違反です」

「カチン！」ときた私は、

「確かに法律違反かもしれない。けれど、罰金制度を取り入れたことで交通事故が減ったのだから、いいじゃないですか」

と反論。その結果、見事に落選しました（笑）。

日本経営品質賞の落選を受けて、私は、「どんなに正しいことでも、法律違反はいけない」と考えをあらため、罰金制度を廃止。

「酒気帯び運転をした場合、8日間の自宅謹慎」「飲酒運転者と同じ酒席に同席したときも、2日間の自宅謹慎」とルールを改正しました。

小山昇が、社長でありながら「自宅謹慎」を命じられた理由

あるとき、ベテランのアルバイトが退職することになり、その慰労会を開いたことがあります。

途中から参加したMくんが、帰りに酒気帯び運転をした。その結果、酒席にいた私まで、「2日間の自宅謹慎」になった。

Mくんがクルマで来ていることを知らなかったとはいえ、ルールはルール。社長と

いえども、例外はありません。自ら「2日間の自宅謹慎」になりました。

私の謹慎中に、取引先銀行の支店長が本社に来て、対応した滝石洋子部長（現・常務取締役）が、

「小山は、酒席に同席していたため、わが社のルールに従って2日間の自宅謹慎中です。出社しておりません」

と事情を説明した。するとおもしろいことに、その銀行から融資を受けられることになりました。

●「社長が、率先して会社のルールを守り、罰を受けている」

●「社長も、社員も、決められたことを、決められた通りに実行している」

ことが評価された結果です。

普通、社長は、自分で決めたルールを自ら破ります。「酒席の同席者も自宅謹慎」

と社員には通達しておきながら、いざ自分がその場に居合わせると、なんのかんのと言い訳をします。すると、社員はどう思うか。

「いくら社長とはいえ、守らないのはずるい」と思う。それを放置しておくと、今度は古参の社員が「オレは会社のベテランだ。社長が見逃してもらえるのなら、幹部のオレだって」と言い出す。これでは規律が守られません。

ですが、武蔵野は、社長が率先してルールに従う会社です。

「社長だってルールに従わなければ、罰せられる」

そう知れば、ルールに文句を言う人がなくなり、みんながルールを守ります。

ルールは、明確で平等であることが大事です。

武蔵野は、社内不倫についても厳罰を定めています。

「既婚者は、婚外恋愛をしてはいけない」というモラルを守れない人間に、組織のルールが守れるとは思えません。

しかも、その関係が上司と部下であれば、社内の士気は低下します。部下がミスをしても、上司は手心《てごころ》を加えます。一方、部下が成果を上げれば、周囲は、「上司が裏で手を回したのではないか」と疑心暗鬼になる。これでは職場のコミュニケーションが停滞します。

社内不倫をしたからといって、それを理由に社員を解雇することはできません。「法律上は社内不倫をしても解雇できない」と判例が出ています。そこでわが社は、解雇しない代わりに、厳罰を与えています。

経営サポートパートナー会員（武蔵野がコンサルティング指導をしている会社）の「アドレス株式会社」（不動産仲介業）は、入会時社内不倫が横行していて、会社が空中分解寸前でした。

社員同士の仲がよすぎて（笑）、従業員のうち、社長とパートさん1人を除いて全員が社内不倫をしていた。

高尾昇社長は、当初「社内不倫を厳しく追及すると、社員が辞めてしまうのではないか」と見て見ぬ振りをしていたが、「社長の言うことを聞かない幹部は、辞めてもかまわない」と強い覚悟で、社内不倫を一掃。

多くの社員が辞めたものの、組織が生まれ変わったことで、アドレスの経常利益は、

「50万円」から「2億円」にまで増えた。

ルールは人を動かします。社内不倫の横行は、「社内不倫をしてはいけない」とルールをつくらないからです。

武蔵野の「経営計画書」に、次のルールが明記されています。

①社内不倫が発覚した場合は、事実を確認後、I等級1グループ（一番下の等級）に降格とし、賞与は1年間支給しない

②1グループ社員は懲戒処分とする

わが社で、社内不倫をした社員がいました。そのときは、当事者2人を社員・パート・アルバイト400名が集まる環境アセスメントで予告なしで、太郎課長と花子課長を前に呼び出し、全員の前で平社員更迭と人事異動の発令を公表し、厳罰（降格処分）を与えました。

普通の会社は、社員の不祥事をひた隠しにします。ですが私は、社員の醜聞《しゅうぶん》も、

お客様からのクレームも、すべて社員に伝えています。

そして全社を挙げ、みんなで大騒ぎして事態の収拾を図るから、「規律（ルール）を守る」意識が生まれる。

わが社は、自動復帰できるしくみがあります。降格しても、2年以内にA評価をとれば元の等級に戻ることができる。だから、やる気を失いません。社内不倫の当事者も、現在は管理職として活躍しています。

決めたルールは、さっぱり、すっきり、徹底することが大事です。

問題3 どちらのリーダーに部下はついていきたくなるのか

1　飲み会で自分自身の成果を参加者に披露するリーダー

2　飲み会で部下のことを褒《ほ》めるリーダー

武蔵野には、グループ懇親会という飲み会があります（171ページで詳述します）。

この飲み会では、「チェックイン」といって、はじめに、参加者が1人1分で話をするのが決まりです。ただし、「1分過ぎると、1000円、懇親会に寄付する」ルールです。

以前、グループ懇親会に参加したダスキンの統括本部長、市倉裕二は、課長時代最初から3000円を握りしめていたことがありました。最初から寄付金を払う前提で、1分以上、市倉が話したかった内容とは、何だと思いますか？

それは、「自分の部下を自慢すること」です。

寄付金を払ってまで、部下を自慢する上司を見て、彼の部下は、「頑張ろう」と思います。

「1000円払うのは損」と思っている社員は、出世しない。この場は、「私の部下はこんなに頑張っている」と、社長に認めさせる千載一遇のチャンスです。

反対に、「自分の自慢」しかしない上司に、部下は心を開きません。

部下が一番嫌がるのは、「社長や役職者が自説を語ること」です。聞きたくないことを延々と語られる飲み会なんて、2時間もいたら苦痛以外の何ものでもない。ある意味、拷問と同じです。

人間心理を無視して人を動かすことはできない

私は、「人間心理を無視して人を動かすことはできない」と考えています。心理といっても、「心理学」ではありません。重要なのは、「実践心理」です。

私がキャバクラでモテるのは（笑）、キャストの心理がわかるからです。モテるコミュニケーションをしていたからです（ちなみに、65歳で夜の街は卒業）。

岩手県で土木工事・舗装工事などの公共事業に取り組む「株式会社小田島組」の小田島直樹社長は、「小山昇がキャバクラでモテる理由」を次のように分析しています。

「以前、小山さんに、『どんなスーツを着ているんですか？』と質問をしたことがあります。小山さんと同じスーツを着たら、私もキャバクラでモテるんじゃないかと思って（笑）。すると小山さんは、あきれながら、こう答えました。

『小田島さん、あなたは、スーツを着ているときに女性にモテたいのですか？　それとも、スーツを脱いでいるときに、モテたいのですか？　どっちですか？
小田島さんは、権力、地位、名誉、名声で人を縛ろうとしている。そうではなくて、すべてを脱ぎ捨てたときの『その人自身の魅力』で惹《ひ》き付けないといけない。小田島さんが魅力的な人間になれば、追っかけなくても女性は寄ってくるし、お客様も寄ってくるし、社員も動くようになる。モテたいと思っているうちは、モテない』
では、小山さんの魅力は何かというと、1つは、『相手の本音をわかってあげる力』にあると私は思います。小山さんが多くの人に慕われるのは、『自分のことをわかってくれる』からではないでしょうか。
人間は、本音で動く生き物です。建前では動かない。人間心理に長けている小山さんはそのことがよくわかっているから、社員の本音を探ることに、ものすごい労力をかけているのだと思います」（小田島直樹社長）
社員に動いてもらうためには、しくみもルールも大事です。
でも、その根底にあるのは、社長やリーダーが「人の心」をつかんでいるのか、そのしくみが人の心に添った運用をされているかです。

以前、経営サポートパートナー会員のある社長に、冗談まじりでこんな質問をされました。

「武蔵野の一体感は、まるで、夏の甲子園の常連校みたいですね。というか、自衛隊にもひけをとらないのではありませんか？」

「ひけをとらない」のではありません。武器効率が同じなら、武蔵野は自衛隊にも、警察にも負けない自信があります。

社長の私が「右を向け」と命じれば、ただちに、全員がピッと右を向く。「右はやめ。やっぱり左」と言い直せば、すぐに左に向き直します。

わが社の社員が社長の指示に従うのは、その指示が人間心理に基づくものだからです。

最後に繰り返しますが、「面倒なことはやらない。都合の悪いことはやらない」のがまともな社員です。でもそれは、ほめ方だったり、コミュニケーションのとり方だったり、上司の努力で変わっていくものです。わが社は、大卒も、中卒に近い高卒も、中卒に毛が生えた元暴走族もいますが、全員が、「決められた時間に、決められた場所で、決められた通りに動く」のは、それが理由です。

人が動く秘訣を本書で紹介していきます。私がコンサルティングをしている企業の事例も入れながら、より実践的なお話ができたらと思います。

最後に、執筆のお手伝いをしてくださったクロロスの藤吉豊さんと、企画の発案をしてくださったＳＢクリエイティブの多根由希絵さんに感謝を申しあげます。

株式会社武蔵野　代表取締役社長　小山昇

目次

第1章 なぜ、人が動かないのか 25

一流「どうなりたいの?」と言う

人が動く考え方
三流「自分は正しい。だからやれ」
普通「自分の考えをわかってくれる」ので言わない
一流「自分も、社員も、どちらも正しい」

人を動かす言葉
三流「とにかく頑張れ」
普通「なるべく早くやってほしい」
一流「何月何日何時までにやってほしい」

人を動かす言葉
三流「これをやってくれ」と言う
普通「こうしてほしい」と言う

人を動かすコツ
三流 部下にあれも、これもやらせる
普通 部下に「やらせたいこと」だけ指示する
一流 部下に「やらなくていいこと」を指示する

任せ方
三流「とにかくやっといて」と任せる
普通「信頼している」と言って任せる
一流 範囲を明確にして任せる

消極的な人を動かす言葉
三流「とにかくやれ」と言う
普通「しっかりやれ」と言う

一流 「でたらめでいい」と言う

人が動く目標

三流 目標を立てない

普通 高い目標を立てる

一流 今できるところを目標にする

やる気を出させる

三流 「やる気を出せ」と言う

普通 賞与を銀行振込で支給する

一流 賞与を「手渡し」で支給する

話を聞かない人に

三流 言い訳ばかりする部下を怒る

普通 言い訳ばかりする部下に何度も伝える

一流 向こうから聞いてきたときにはじめて話す

人を動かすリーダーの心得

三流 部下のミスを黙認する

普通 部下がミスをしたら、始末書を書かせる

一流 社長が自ら始末書を書く

方針をいかに伝えるか

三流 会社の方針がない

普通 会社の方針を「口頭」で伝える

一流 会社の方針を「紙」に書く

何を言っても伝わらないとき

三流 放っておく

普通 口で伝える

一流 しくみと「お金」で伝える

第2章

人を動かすほめ方・叱り方

ほめる

三流　平均より低い人はほめない
普通　「頑張ってるね」
一流　「先月より売上が倍になったね」

ほめる

三流　まったくほめない
普通　「業績1位なんてすごいじゃないか」
一流　「あのときの服、似合ってたよ」

ほめる

三流　最初から最後までけなす
普通　最初から最後までほめる
一流　最初はけなし、最後はほめる

感謝を伝える

三流　「ありがとう」を伝える文化がない
普通　メールで伝える
一流　ハガキで郵送する

叱る

三流　「何やってるんだ！」と感情的に怒る
普通　「おまえはどうしてそうなんだ」
一流　「先にお客様に伝えるべきじゃなかったのか」

叱る

三流　失態は本人にだけ伝える
普通　失態を本人と社内に伝える
一流　直筆のハガキを送り、家族にも公表する

反論する部下に
三流 怒る
普通 無視する
一流 事実を先に確認する

叱る
三流 「1対1」で叱る
普通 「人前」で叱る
一流 場合によってはお客さんの前で叱る

叱る
三流 叱られた人がやめてしまう
普通 叱って関係がぎくしゃくする
一流 叱って感謝される

言うことを聞かない部下に対して
三流 怒る
普通 説得する
一流 成長を感じる

第3章 打てば響く組織のつくり方
―常勝企業はなぜ飲み会を大事にするのか 151

職場環境
三流 「仕事をせず、私語ばかりの社員」を野放しにする
普通 仕事だけさせ、おしゃべりは禁止する
一流 仕事も、おしゃべりもさせる

飲み会
三流 飲みに行かない
普通 「外部の人」とお酒を飲むのが好き

一流　「社員」との飲み会を公式行事にする

飲み会

三流　飲み会は、社員の自腹と考える

普通　飲み会は、福利厚生費と考える

一流　飲み会は、教育研修費と考える

飲み会

三流　飲み会では、自分だけ話したがる

普通　飲み会では、お説教をしたがる

一流　飲み会では、参加者全員に話をさせる

職場の風通し

三流　現場の情報には無頓着

普通　現場からの報告を待つ

一流　上から情報を取りにいく

誰を戦力にするか

三流　身勝手な社員

普通　能力のある社員

一流　価値観が揃っている社員

相手を知る

三流　社員と一緒にキャバクラでハメを外す

普通　社員をキャバクラに連れていくのは不謹慎だと思う

一流　社員の特性を知るために、キャバクラに連れていく

第4章

「人が残る組織」のつくり方

採用

三流 人は「辞めない」と思っている

普通 人が辞めても、「次がいる」と思っている

一流 人が辞めたら、「次はいない」と思っている

辞めたいと言われたとき

三流 辞めたいと言われて「なんで?」と驚く

普通 辞めたいと言われてから、説得する

一流 「辞めたい」と相談できる人をつくっておく

新入社員に

三流 「結果を出してくれる」と確信している

普通 「期待しています」と言う

一流 「まったく期待していません」と言う

迷っている内定者に

三流 どうせ優良企業にとられるから何もしない

普通 「ぜひ、来てくれ」と言う

一流 「他の会社に行ってくれ」と言う

採用

三流 優秀な人を採用したがる

普通 ダメな人はとらないように気を付ける

一流 優秀な人とダメな人はとらないようにする

社員の意見が対立したとき

三流 どちらか一方の肩を持つ

普通 「話し合いで解決しよう」と言う

一流 「紙に書こう」と言う

第5章 ついていきたくなる人の条件 229

ついていきたくなる条件
三流 惰性でお金を消費する
普通 「形のあるもの」にお金を使う
一流 「形のないもの」にお金を使う

ついていきたくなる条件
三流 社員のプライベートに興味を持たない
普通 社員の個人情報はオープンにしない
一流 社員のプライベートに踏み込み、オープンにする

ついていきたくなる条件
三流 家庭よりも仕事を優先する
普通 家庭も仕事も大事にしようとする
一流 仕事よりも家庭を優先する

ついていきたくなる条件
三流 何も教えない
普通 毎回「違うこと」を教える
一流 「同じこと」を何度も教える

第1章

なぜ、人が動かないのか

人が動く考え方

三流

「自分は正しい。だからやれ」

普通

「自分の考えをわかってくれる」ので言わない

一流

「自分も、社員も、どちらも正しい」

私がいくら「頑張れ」と口酸っぱく言ったところで、武蔵野の社員は動きません。
私が、「これをやってほしい」と仕事を与えると、一応、口では「はい」と返事をします。
ですが、「はい」と返事をしたからといって、やるとはかぎらない。なぜなら、社員の「はい」は「やります」の意味ではなく、

「聞こえました」

の意味です。

その違いがわからないかぎり、社員を動かすことはむずかしい。

「やるべき仕事は、ぐずぐずせずにさっさと片づければいい」と考えるのは、仕事がデキるごく一部だけ。頭ではわかっても、すぐにやらないのが普通の社員です。

自分のやり方を相手に押し付けてはいけない

人は、基本的に、「命令」されることを嫌います。命令とは、相手の意思や希望を無視して、一方的に要求を押し付けることです。

他人に何かを押し付けられると、反発の感情を抱くのが人間の心理です。したがって、「命令」や「押し付け」だけでは、人を動かすことはできません。ダメな人は、そのことがわかっていない。

自分の意見を押し付ける人は、「自分＝正しい」「相手（部下や社員）＝間違い」だと考えています。

しかし、やり方や考え方が自分と違ったとしても、相手が間違っているわけではない。人にはそれぞれ特性があって、考え方や行動のクセ、好き嫌い、得意・不得意は千差万別です。

目の前に「バナナ」「リンゴ」「ブドウ」があり、自分は「バナナが一番好き」といって、ほかの人も「バナナが一番好き」だとはかぎりません。リンゴが好きな人も、ブドウが好きな人もいる。

では、リンゴが好きな人やブドウが好きな人、あるいはバナナが嫌い人は間違いなのかといえば、そうではありません。

リンゴが好きな人も、ブドウが好きな人も、バナナが嫌いな人も、すべて正しい。リンゴが好きな人にバナナを押し付けるほうが、間違いです。

相手の特性に合わせて指示の出し方を変える

経営サポート事業部の野口智弘部長（当時・課長）は、人と比較されるのを嫌がるタイプです。

感情が受け入れられ、明確な方向性を示すマネージメントをすれば、決められたことを決められた手順で実行します。

感情を優先するため、野口にやる気を出させるには、**「なぜ、それをしなければいけないのか」「それをするメリットと、デメリットは何か」「どのような手順で、いつまでにやればいいのか」**を数字やデータを使いながら説明する必要があります。

野口に新規顧客の開拓をさせるには、「これまでの市況や顧客のデータを分析すると、どこに、どんなお客様がいるかが予測できる。だから、このマニュアルの手順に従って、新規顧客を獲得しろ」と伝えたほうが成果を期待できます。

そうではなく、「どこでもいいから、自分のやり方で、飛び込み営業をしてこい」とあいまいな指示を出すと、何をしていいのかがわからず、力を発揮できません。

自分にとっての正解と、相手にとっての正解は違います。ですから、自分の考えを押し付けてはいけない。人を動かすには、**相手にとっての正解を提示すること**です。

野口は部長を更迭され、3年以内にA評価をとれば無条件で戻れるというルールの中で最後のチャンスでした。それも指示を受け入れる大きなウエートをしめていた。

自分の言いたいことを、言いたいように言うのではなくて、相手の状況や特性に合わせて伝え方を変えるのが、コミュニケーションの基本です（詳しくは、『チームの生産性を最大化するエマジェネティックス』（あさ出版）を参照してください）。

「文唱堂印刷株式会社」（印刷）の橋本唱市社長も、「人に合わせた指導」の大切さを感じています。

「人によって、思考特性や行動特性は違います。早く動ける人もいれば、ゆっくり動く人もいます。社員一人ひとりをよく見て、彼らの特性をきちんと把握して、指導のしかたを変えていかなければ社員は動きません。個人の特性を尊重したコミュニケーションは必要です」（橋本唱市社長）

「部下の反乱」で自分の未熟さに気づいた飛山尚毅

飛山尚毅本部長（現在は経営サポート事業部）は、ダスキン小金井支店（業務用）の店長になって2年目に、大きな挫折を味わいました。部下に反旗《はんき》を翻《ひるがえ》されて、マネジャー失格の烙印《らくいん》を押された。

飛山は部下に対して、「スパルタ教育」を行なっていました。

能力があるのに全力を出そうとしない部下には、容赦しない。グズグズしている部下の尻を蹴っ飛ばすのは日常茶飯事。仕事が終わってからも、延々と説教をすることもめずらしくありませんでした。

飛山は、「部下たちは、追い込まれることでひと皮剝《む》ける」と信じていたが、鬼軍曹のような厳しい指導は、逆効果でした。

武蔵野では、現場の真実を吸い上げるために、年に1回、無記名の従業員アンケートを実施しています。その結果、飛山は「真実の声」を知ることになります。

アンケートには、次のように書かれていました。

「指導がキツい」
「このままでは続けられない」
「軍隊より厳しい」
「ここはヤクザの事務所ですか？　見ているだけで怖いです！」

私は飛山を呼び出し、次のように問いかけました。

「飛山さんが部下思いだということは、よくわかっている。支店の成果を上げたい、部下を早く一人前にしたい、という気持ちもありがたい。では、その目標を達成するために、部下と自分、どっちが変われば早いと思いますか？」

飛山は、自分のやり方を部下に強要していました。それが不協和音を生み、結果的に部下の成長を阻害していた。

3か月後、私は飛山を経営サポート事業部に異動させました。部下はなし、です。経営サポート事業部に異動したことで、飛山は、「自分の失敗を許せるようになった」

と話しています。

「経営サポート事業部への異動は、『部下のいない環境で頭を冷やせ』ということです。経営サポート事業部の営業職で求められるのは、自分をさらけ出すことでした。お客様の社長（経営サポートパートナー会員）が関心を持つのは、『私のような、どこにでもいる人材を小山がどうやって育て、戦力化したのか』です。それをわかっていただくために、『これまでの自分の失敗談を包み隠さず話す』ことが求められていました。

けれど、異動してしばらくは、失敗体験を話すことに抵抗がありました。部下に反旗を翻された事件からまだ立ち直っていませんでしたし、私はもともと負けん気が強く、人に弱みを見せることをよしとしない性格だったからです。

しかし、お客様は、人生経験豊富な方ばかりです。逆に『一度や二度の失敗が何だというんだ』と励まされ、いつの間にか、自分の失敗体験を笑って話せるようになっていました。

こうして私は、自分の失敗を許せるようになりました。自分の失敗を許せるようになれば、人の失敗に対しても寛容になれます。そして少しずつ、『次に部下ができたら以前と違うマネジメントができそうだ』と思えるようになった。

現在は、3人の部下を持ち、彼らの協力を得ながら、仕事を進めています。

今のところ部下のクーデターは起きていませんが（笑）、これも、手痛い失敗を経験して自分を変えることができたからです。

自分の未熟さに気づかせてくれたかつての部下、そして、失敗した自分を大きな度量で受けとめてくれた小山やお客様には大変感謝しています」（飛山尚毅）

Point　人は自分にとっての「正解」を示してほしい

人を動かす言葉

三流

「とにかく頑張れ」

普通

「なるべく早くやってほしい」

一流

「何月何日何時までにやってほしい」

指示を出すなら具体的に。これが基本です。

それなのに、「なるべく早く」など指示がはっきりしない人が多すぎるし、期限を伝えない人もいる。

それではいつまでかかるかわかりません。

「頑張れ」といくら言われても、何をどう頑張ればいいのかわからなければ、相手も動きようがありません。

話し言葉は、あいまいです。あいまいなので、人それぞれ解釈のしかたが違います。

上司が部下に「早く仕事を終わらせろ」と指示を出すと、「早く」の解釈は人によって異なります。

上司Aにとっての「早く」が「1時間」で、部下Bにとっての「早く」が「1日」としたら、部下Bが「早く仕事を終わらせた」つもりでも、上司Aは「部下Bは、指示通り動かなかった」と評価します。

さらに、言葉があいまいだと、指示通りに話が伝わりません。

普通の会社は、社長↓専務↓部長↓課長↓主任↓一般社員と話が降りていく途中で、伝言ゲームのように少しずつ内容が変わって伝わり、食い違いが生まれます。

こうした食い違いをなくすためには、言葉の解釈や定義を明文化する必要があります。

武蔵野には、あいまいさを排除するために「経営計画書」があります。経営計画書がない会社では、「誰が、何を、いつまでに、どのくらいのレベルで行なうのか」といった指示を具体的に出す必要があります。

目指すべき「数字」を明確にする

経営計画書は、会社の「スコアボード」でもあります。

社長や上司は、社員や部下に対して「頑張れ」と言いますが、「頑張れ」の意味は抽象的で、「何を、どう頑張ればいいのか」が具体的ではありません。

「いつまでに、いくらの利益を出したいから、このように頑張ってください」といった説明もなしに、ただ「頑張れ」「動け」「やれ」と指示を出しても、人は動かない。

自分たちのチームが何点取っているのか、1点差で勝っているから逃げ切るのか、

1点差で負けているから逆転を狙うのか、「スコア（数字）」がはっきり見えていなければ、「どう頑張ったらいいのか」がわかりません。

一方で、「今期はいくら利益を出したいか」「5年後はいくら利益を出したいか」といった目標を数字にしておけば、「その数字を達成するには、いつまでに、何をしなければいけないか」が明らかになり、部下は動きやすくなります。

「株式会社凪スピリッツ」（ラーメン事業・飲食事業）の生田智志社長も、「数字」を意識しながら指導をしています。

「私はどちらかといえば、直感的に、思いついたことを口にしてしまうタイプで（笑）、『こんな感じで』『じゃあ、そういうことで』と、抽象的な言い回しをすることがあったが、それでは伝わらないことがわかりました。

最近では、指示を出すときも、報告を受けるときも、『数字』を入れるように心がけています。社員に『ちょっと頑張ってよ』と言った場合、『ちょっと』がどれくらいのことなのか、わかりにくい。私の『ちょっと』と、部下の『ちょっと』は違うからです。ですが、数字を使って伝えると、あいまいだったものが具体的になります。『環境整備（整理・整頓活動）の点数がよくないから、もうちょっと頑張れ』と言うより、『環境整備の合計点は１２０点。○○さんの店舗は80点でした。次回は最低でも１００点は取れるように頑張れ』と言ったほうが具体的です。点数を20点上げるために、何をどうすればいいのかが、明確になります。

また、付箋紙（メモ）を使ってミーティングをするようになったことも、コミュニケーションがよくなった要因だと思います。付箋紙に『ムダになっているもの』『やらなくてもいいもの』『売上を上げることに関係がないもの』『集中して取り組むもの』などを書き出しておけば、あいまいさがなくなって、社長と社員が課題を共有することができます」（生田智志社長）

Point 具体的でないと人は動かない

人を動かす言葉

三流
「これをやってくれ」と言う

普通
「こうしてほしい」と言う

一流
「どうなりたいの？」と言う

多くの人が「人（他人）を変えたい」と思っています。

そして、「自分は変わりたくない」と思っています。

だから、「相手が動いてくれない」とイライラしてしまう。自分が思っているように、相手が動いてくれないからです。

結婚したときに、奥さんから（もしあなたが女性ならご主人から）「私の理想の男性はこんな感じだから、こうなって」と言われたときに、「そうなりたい」と思いますか？

なりたくないですよね（笑）。

自分の理想は、相手の理想ではありません。自分の正解が、相手にとっての正解だとはかぎりません。会社も同じです。社長の理想が社員の理想ではありません。

多くの社長は、このことがわかっていません。

「自分の理想」と「相手の理想」が違ったとき、どのように相手を動かせばいいのかというと、簡単です。

面談の際などに、相手に「どうなりたいの？」と聞いて、部下の理想（希望）を明確にしておきます。部下をやる気にさせたいなら、本人がやりたいことをやらせてあげるのが一番早い。興味のないことをやるのは、本人にとっては苦痛です。

以前、「次に行きたい部署を3つ申請しなさい」と社員全員から希望をとったことがありました。

そして人事異動の際には、その希望通りに「おまえは、ここへ行け」と辞令を出した。すると、たいていの社員は、「は？」「なんで、そこ？」と疑問に思います。なぜなら、「希望を出したことを忘れている」からです。

けれど、相手は「嫌です」とは言えません。自分で希望したことだからです。「この仕事がしてみたい」と具体的に申請している以上、社員も、「あれは冗談でした」とは言えません。

2015年4月のアンケートに経営サポート事業部に所属していた由井英明本部長（当時）は新規・ライフケア・サービスマスター事業部と記載した。実際に異動したときも「ライフケア事業部と希望があったので希望に答えた」と申し渡した。

Point 人に言われたことはやりたくない

人を動かすコツ

一流

部下に「やらなくていいこと」を指示する

普通

部下に「やらせたいこと」だけ指示する

三流

部下にあれも、これもやらせる

「やらないこと」から先に決める

多くの社長は、「あれもやりたい」「これもやりたい」「それもやりたい」の思いをたくさん持つが、経営計画書に、「あれも、これも、それも」とさまざまな方針を盛り込むと、社員は放心状態になります。

したがって、社員を動かすには、「やりたいこと」ではなく、むしろ「やらないこと」を先に決める。

部下の時間にも、体力にも、能力にも限界があります。ですから、あれもこれもやらせてはいけません。新しくやらせたい仕事、頼みたい仕事があるのなら、その分、何かをやめさせる。私が幹部に新しい仕事を任せるときは、その前に必ず、「やらなくていい仕事」「やる必要のないこと」を伝えます。

「今度、新しいプロジェクトを担当してほしい。そのかわり、今、担当している○○○はもうやらなくていい。別の人間にやらせる」と、別の社員に移管するか、あるいは、会社としてやめる決断をします。

「やらないこと」を決めると、自分のテリトリーがはっきりするので、相手は迷いません。私がパチンコをするときは、辛い台に特化し中辛や甘すぎる台はやりません。仕事も遊びも、「やらないこと」から決めています。だから判断が早い。

武蔵野は「同じお客様に繰り返し販売する仕事」と「こちらから訪問する仕事」しかやらない。不得意な「製造業」「店舗」は持たないと、「やらないこと」をあらかじめ決めています。

小学1年生のときは野球、2年生では陸上、3年生は水泳、4年生はバスケット、5年生はバドミントン、6年生はサッカーを習った子どもは、結果的にどのスポーツも上達しません。どれも中途半端になる。

「あれもやらせたい、これもやらせたい」と思っても、マンパワーはかぎられているので、すべてをやらせることはできません。「やらないこと」を決め、「やること」を絞ったほうが、結果的に実績を上げることができます。

Point　「やらなくていいこと」がわかると人は迷わない

任せ方

三流

「とにかくやっといて」と任せる

普通

「信頼している」と言って任せる

一流

範囲を明確にして任せる

範囲を明確にした上で「やり方」を任せる

三流は、社員に仕事を任せるとき、任せる範囲が明確になっていません。

仕事の「テリトリー」と「ポジション」と「部下」と「数値目標」と「方針」を伝え、その上で「やり方を任せる」ことを、「任せる」と言います。

任せるとは、「好き勝手にやっていい」ことではありません。

私なら、

「Aさんにダスキンライフケア・立川ステーションの責任者を任せます」

と伝えます。その意味は、

- **テリトリー**……立川ステーションの管轄・対応エリア
- **ポジション**……責任者（店長）
- **部下**……Bさん、Cさん、Dさん
- **数値目標**……○×▲百万円（経営計画資料に明記）

●方針……………経営計画書の「お客様に関する方針（ライフケア）」の範囲内

この5つの要件を明確にした上で、「決められた範囲の中で、自由にやってもいい」ということです。それ以上は、越権行為になるため、認めない。

任せる範囲を明確にしない人ほど、「おまえに任せた」と言っておきながら、あとになって、「どうして、そんなバカなことをしたんだ！」と文句を言います。けれど「バカ」なのは、社員ではなく、あいまいな伝え方をした社長か上司のほうです。

「なるべく早く」などと指示する人もいますが、それではまったく伝わりません。なかには、「信頼しているから任せる」と言う上司がいます。

でも、任せるときに必要なのは「気持ち」ではなく、「形」です。

「形」から入って「心」に至る。「形」ができるようになれば、自然と「心」がついてくる。そのためには、自社で「結果」が出ていることを、そのまま「真似《まね》」させて、結果を出させる。「結果」が出れば、誰しも腑《ふ》に落ちる。

形が決まっていなければ、相手は、何を、どうしてしていいのかわかりません。

任せた仕事の進捗状況を必ずチェックする

仕事を任せたら、進捗状況と実績を定期的にチェックします。

私が他の社長よりも優れている点があるとするならば、それは、「体力」と「失敗の数」と「愚直なチェック」です。

ところが多くの人は、「任せた」とは言うものの、「その仕事がどうなったのか」のチェックをしていません。

チェックをしなければ、それは「やらなくてよい」のと同じです。仕事を任せたら、「任せたことがきちんとできているか」のチェックを必ずします。

私は人（部下・社員）を信用していますが、その仕事は信用していません。だからチェックをしています。

チェックをするときに大切なのは、次の2つです。

①抜き打ちチェックをしない（事前に、チェックする日を告知する）

わが社に「進捗会議」が3つあります。ダスキン事業部の進捗会議、経営サポート事業部の進捗会議、ライフケア事業部の進捗会議です。

会議がはじまると、最初に「予定の確認」をします。「次の会議はいつ行なうか」「次のチェックはいつやるか」を全員で6か月から10か月先まで確認・共有しています。

日程を決めずに抜き打ちチェックをすると、「いつチェックされるかわからない」ため、やらない人が出てきます。

ですが、事前に「○月×日にチェックをする」と告知しておけば、その日までに、「嫌々ながら」やります。辻褄合わせで慌ててやる社員がまともです。

学校の試験勉強と同じです。普段は勉強などしないのに、中間試験や期末試験の直前になると慌てて勉強をはじめるのは、「試験」という名のチェック日が知らされていたからです。

この日に学力をチェックされ、一定の成績をとらないと、単位未取得・留年などのペナルティが課せられてしまう。だから、やらざるを得ないです。

②チェックする項目を決めていない

チェックするためには、「こういう順番で、こういう項目についてチェックする」リストが必要です。

チェックリストがない状態で行なうチェックは、説教や糾弾になります。それでは、社員はやる気を失うだけです。

PDCAを回すカギは、チェックにある

「株式会社オージーフーズ」（食品専門の通販商社）の高橋徹社長は、「チェックするしくみを持つようになったことで、社員がどのように動き、どのような成果を出したのかが目に見えるようになってきた」と感じています。

「現在、オージーフーズでは環境整備が定着しつつあります。『目に見える結果』が出はじめたことで、社員の意識が変わったからです。

環境整備は、決められた場所を、決められた人が、決められた道具で決められた通りにやります。そして、実際にそれができたかを点検シートを使ってチェック（○か、

×か）します。『×』がついた項目は、実行のしかたが甘かったか、気付けなかったわけで、『では、どうすれば○になるのか』をあらためて考え、改善するようになる。したがって、環境整備に取り組むと、ＰＤＣＡサイクルが回りはじめます」

「これまでの私は、ＰＤＣＡサイクルの『Ｄ（Do）』ばかり一所懸命で、『あれやれ、これやれ』と指示を出すものの、言いっぱなし。チェックするしくみを持っていなかったので、社員がやったのかどうかさえもわかりませんでした。ですが、環境整備を導入したことで、『うまくいっているのか』『いっていないのか』がわかるようになり、改善のスピードが明らかに速くなったと感じています。

先般、ある大手飲食チェーンから物流の仕事をお願いされたが、私どもを選んでくださった理由は、『整頓が行き届いていて、安心できるから』でした。その後、増収増益が続いていますし、社員に、昇給や賞与として還元している。目に見える結果が出たことが、社員を動かす原動力になっていると思います」（高橋徹社長）

任せるのが苦手な人

なお、任せることがそもそも苦手な人はどういう人かというと、

「自分がやったほうが早い」

「人にお願いするのは面倒くさい」

と思っている人です。こういう人を上司にする社長が悪い。

先日飛行機に乗っていたときに、キャビンアテンダントの長だと思われる人がアナウンスをしていました。でも、それは新人でも他の人でもできる仕事です。長は、全体を見なければいけません。

すべて自分でやっている管理職には、「作業がやりたかったら、平になれ」と言うしかないでしょう。

Point　「任せる」と「好きにやっていい」は違う

消極的な人を動かす言葉

三流	普通	一流
「とにかくやれ」と言う	「しっかりやれ」と言う	「でたらめでいい」と言う

人は、新しいことや、難しく思えることを「やれ」と言われると、失敗が怖くて、ものおじしてしまうものです。

でも、それでは仕事は進まないし、その人の成長も止めてしまう。そんなときは、ハードルを下げればいい。ハードルを下げて、自分ができるレベルになってはじめてやる気が出る。

本人が難しいと思っているレベルのままでは、なかなか手を付けようとはしない。

入社して1年目に、いきなり「マーケティングを考えろ」といっても、無理です。

私は、新入社員の市村美希に、講演の原稿をつくらせます。新入社員にしてみれば、「社長の講演の原稿をつくる」という仕事はレベルが高く、自信もない。

だから私は、

「でたらめでいい」

と言います。

「でたらめ」なら、誰でもできます。

実際のところ、講演中に、私が原稿をそのまま使うことはありません。

参加者が熱心に聞き入っているところ、大きく頷いているところがあれば、その内容をさらに広げていき、「ここは戻ったほうがいいな」「この話よりあの話をしたほうが参考になるな」と思うことがあれば、内容も、順番も、その場で変えていきます。

実際には、「原稿は、所々しか使っていない」のですが、原稿があると安心して講演に臨むことができるのも事実です。

だから、原稿を担当する市村には、「でたらめでいいからつくってね」と伝えています。彼女が仕上げた原稿に対して、「ノー」とダメ出しをしたことは一度もありません。

そもそも私は、部下に「100点」を期待してはいません。一番大切なのは、仕事は「そこそこ」でもいいから、体験をさせることです。

とにかく自分でやってみる（部下にやらせてみる）。

そのためには、ハードルをできるだけ下げてあげることが重要です。

「2回目はうまくいくよ」

もう1つ、ハードルを下げるメリットは、「プレッシャーが減る」ことです。

子どもの受験の前に、親は何と声をかけるでしょうか。

「絶対うまくいくよ」と声をかける人は、子どもをダメにする親です。

私が声をかけるなら、

「1回目は落ちる。でも2回目は合格するから大丈夫」。


そのほうが、気が楽になるものです。

気が楽になれば、力も発揮しやすくなります。

Point 挑戦するときのハードルは下げてあげる

人が動く目標

三流

目標を立てない

普通

高い目標を立てる

一流

今できるところを目標にする

多くの企業は、社員個々の目標を設定して、それに向かって行動することで成長します。

では、どの程度の目標を設定すればいいでしょうか。

多くの社長は、「高い目標を設定すれば、それだけ成長する」と思っているが、それは違います。私は「高い目標」は与えず、「できる目標」を設定しています。

「挑戦したら、その人は成長できる。実際にやらせて、なんとかなりそうだ。手を伸ばしただけじゃ駄目だが、踏み台を持ってきたらできる。近くにある椅子の上に乗ればできる。その方法は本人が考えつく……」

その人が「現在の力」でできるところを目標にしなければいけません。「できる目標」だから、達成感を覚え、チャレンジするのであって、椅子を持ってきても届かないような目標は最初から諦めます。

ハナからやる気になれない。

人間は、自分ができないことや気のないことは、まったくやる気になれません。

「月に行って帰ってこい」と言われても、「それなら、家で寝てたほうがいいじゃないか」と思うのが普通です。

だから、目標は「できる範囲」にする必要があります。

「チャンスだよ」と言って任せる

といっても、本人にとって難易度の高い仕事を頼まなければならないこともあります。

そのときは、

「あなたができると思っているから依頼している」

「チャンスを与えている」

ことを伝えます。

それでも「いや無理です」「やりたくありません」と言えば、私は「わかった、じゃあいいよ」と言って、別の社員にその仕事を与えます。

その結果、仕事を引き受けた社員の評価は上がり、反対に、チャンスを逸した社員は、先を越されてしまいます。評価が上がらなければ、賞与の額も少なくなる。誰だって、賞与を減らされるのは嫌ですから、「チャンスだ」と言われれば、「喜んで」と答えるしかありません。

野球でも、9回の裏、ツーアウト満塁で打席に立ったとき、バットを一度も振らなければ3球で終わってしまう。けれど、目をつぶっていてもバットを振れば、当たる可能性はあります。だから、「必ず振れ」「当たらなくても振れ」「行動をしろ」と私は社員に指導しています。

振らなければ駄目。アクションを起こさなければ駄目です。何もやらないのは、「犯罪」です。

Point 手に届く目標なら、やる気が続く

やる気を出させる

一流

賞与を「手渡し」で支給する

普通

賞与を銀行振込で支給する

三流

「やる気を出せ」と言う

賞与を「現金支給する」4つの理由

わが社は、「賞与（ボーナス）は現金（万単位）で支給する。端数は口座振込とする」のが決まりです。

銀行振込が一般的な時代に、「手渡し」する理由は、「4つ」あります。

①賞与額が最も少なかった社員が奮起する

賞与の支給額が最も少ない部長と課長2人を社長室に呼び、3人で全社員（約250名）の賞与の袋詰め（賞与支給袋に現金を入れる作業）をさせます。

すると、「自分よりも下の社員よりも、オレは低いのか」「こんな思いはしたくない。次は、絶対にいい評価を取ってやる！」と闘志を燃やします。悔しさが原動力になるため、2回連続で袋詰めをした社員はいません。

②賞与の厚みの差がやる気につながる

賞与を手渡すときは、まず、「一番金額が多い社員の賞与」で受け取る練習をします。練習したら引っ込めて、「あなたの賞与はこっちです」と本人の賞与を渡す。

すると、一番金額が多い社員の賞与と、自分の賞与の厚みの差を実感することになり、「自分も、厚みのある賞与がほしい！」とやる気を出します。

2017年の上半期は、20年ぶりに「賞与ゼロ」の社員が出た。快挙です。

船木友和部長は何も入っていない「ペラペラの袋」を取りにきました。屈辱です。下半期はやる気を出して、S評価を獲得。賞与額は94万円でした。

③家族から感謝されるようになる

昔、父親は家族の大黒柱で、一番偉かった。ところが今は、父親が一番肩身の狭い思いをしています。

どうして、父親の地位は失墜《しっつい》してしまったのでしょうか。

理由の1つは、企業が給与を銀行振込にしたことです。

「現金手渡し」の時代は、母親が「ご苦労さま」と言ってお金を受け取っていたし、子どもも、「父親が頑張って稼いでくれるから、生活できる」ことを実感していました。

ところが今は銀行振込が普通で、「現金を手にするありがたみ」が減ってしまった。銀行に行けば、父親が家に帰るよりも早く、給与を引き出すことができます。

銀行振込の普及で、父親の小遣い制も一般化しています。

子どもの見ている前で、父親が母親に頭を下げて小遣いをもらう。これでは、父親の地位が下がるのも無理はない。

私は、「家庭の平安があってこそ、充実した仕事ができる」と考えています。そのためには、父親が胸を張れるときがあっていい。だから武蔵野では、「賞与を手渡し」（毎月の給料は振込）しています。妻や子どもから「お父さん、ありがとう」と感謝されるから、父親は頑張れる。

④賞与額を「ごまかす」ことができる

賞与を奥さんに手渡しすると、父親は家族から感謝されますが、だからといって、「もらった賞与を全額奥さんに渡す」ようでは、出世できません。

経営サポート事業部の高橋克之課長は、ダスキン小金井支店店長時代に支給された賞与（100万円）を、全額、家に持ち帰りました。

そのことを知った私は、すぐに高橋を「部長職から外す」ことを決めました。

高橋を更迭した理由は、彼が「部下に施《ほどこ》さなかったから」です。

高橋が100万円の賞与もらうことができたのは、部門の成績がよかったからです。これは、部下の頑張りのおかげです。だとしたら、「部下の頑張りをねぎらう」ために賞与の一部を施すべきです。

賞与を50万円もらったら、10万円を抜き取り、「40万円」だけ奥さんに渡す。そして、抜き取った10万円を部下との懇親のために使う。「部下のために賞与をごまかすことができる上司」は優秀な上司です。

わが社の総務は、賞与袋を1000円で売っています（笑）。社員は新しい袋を買って、金額を書き換えて、奥さんに渡す。これが正しい賞与の使い方です。

Point 賞与を「現金、手渡し」すると、社員は頑張る

話を聞かない人に

三流

言い訳ばかりする部下を怒る

普通

言い訳ばかりする部下に何度も伝える

一流

向こうから聞いてきたときにはじめて話す

「聞く耳を持たない人」に指導するのは時間の無駄

私は、社員にも、経営サポートパートナー会員にも、「こうしたほうがいい」「ああしたほうがいい」とさまざまなアドバイスをしています。

しかしそんな私でも、「相談に乗りたくない相手」「アドバイスをしたくない相手」がいます。

誰だと思いますか？　それは、「聞く耳を持たない人」です。聞く耳を持たない人は、自分の非を認めないので、「失敗から学んで成長する」ことができません。

成長意欲のない人にアドバイスをするほど、私はお人好しではないし、時間もない。

「一般社員のままでいい」と思っている人に「こうすれば課長になれる」と言っても、響かない。

【聞く耳を持たない人の特徴】

- 言い訳をする

- ああ言えば、こう言う
- 「そういっても」「でも」と否定を前提で聞く
- 「自分にはできない」と最初から諦める
- 自分のやり方、考え方を優先させる

私もかつては、「聞く耳を持たない社長」でした。武蔵野は、日本経営品質賞を2度受賞していますが（2000年度と2010年度）、2度の受賞の裏で、4度落選しています。

落選に際し、審査委員の1人から、「御社はPDCAを回しています。しかし、それが『正しく回っているか』を、検証するしくみがない」というコメントが寄せられました。

私は内心、「現場を知らずに、何を偉そうなことを言っているのか！」「武蔵野のような中小企業で、PDCAサイクルが回っているだけでも十分にすばらしいじゃないか！　ふざけるな！」と腹を立てました。

しかし、やがて、納得しました。お客様1社への依存度が高ければ、そのお客様の契約が解除された途端にピンチに陥ります。こうしたリスクは、ＰＤＣＡサイクルを回すだけでは気がつきにくい。そこで、将来のリスク要因を洗い出すために、新しいマネジメントのしくみを導入した。

それにともない、従来は私がトップダウンで下していた判断の多くを、社員に委ねました。潜在リスクの洗い出しなど、新しく発生した業務のすべてを、私ひとりで実行することはできないからです。

その結果として武蔵野は、２００４年からトップダウンからボトムアップへと組織が切り替わり、さらなる成長をもたらしました。私が「聞く耳を持った」ことで、武蔵野の業務改善のスピードは、圧倒的に速くなった。

相手のほうから「教えてください」と言ってくるように仕向ける

人は、「興味があること」にしか耳を傾けません。ですから、「ああしろ」「こうしろ」と一方的に押し付けたところで、聞き流されるだけです。

「聞く耳を持たない相手」を指導しなければいけないとき、私は、「あなたは、どうなりたいのですか?」と質問します。

私のセミナーを受講したA社長が、「方針をたくさん盛り込んだ、A4サイズの重厚な経営計画書」をつくりました。経営計画書は、「やれることだけを手帳サイズにまとめる」「あれも、これも、盛り込まない」のが基本です。

私が一方的に「つくり直せ」と言ったところで、「そうはいっても」と煮え切らない態度を見せるのはわかっていました。そこで私は、A社長に質問をしました。

小山　**「あなたは今日、このセミナーに何をしにきたのですか?」**

A社長「儲かる会社に変わるための方法を教えてもらうためです」

小山　**「ですよね。**あなたは今まで、独自のやり方にこだわったから、赤字なのですよね」

A社長「そうです」

小山　**「では、どうすれば、赤字の会社を黒字にできると思いますか?」**

A社長「今までのやり方を捨てて、新しいやり方に変えることです」

小山　**「ですよね。**このセミナーの先生は、誰ですか?」

A社長「小山さんです」

小山　「**ですよね。**だから、私の言うことに耳を傾けて、手帳サイズの経営計画書をつくらなければいけないんです。新しいやり方に変えるとは、そういうことです。先生の指示に従うことです。わかりますか？」

A社長「わかります。**つくり直します**」

「聞く耳を持たない相手」に「やれ」と言ってもやらない。命令するだけでは、絶対に相手のアクションは変わりません。

しかし、「どうなりたい？」「そのためにはどうすればいい？」「ですよね、ですよね」と聞いてあげて、最後に向こうから「教えてください」「勉強させてください」と言わせるように仕向ける（質問を繰り返して、会話を誘導する）ことができれば、「聞く耳を持たない人」でも、こちらの指導を聞き入れるようになります。

質問を投げかけ、本人の口から状況と解決策を言わせる。人は、他人から何か言われても変わることは稀です。自分の言葉によって説得され、自分の言葉によって変わります。

「やらせたこと」は長続きしない。「やりたいこと」は、長続きする

「株式会社島屋」（建材・エクステリア）の吉貴隆人社長は、「社長が『やれ』と言ってやらせたことは、長続きしない」と話しています。

「社長に命じられたことより、社員のほうから、『こういうことがやりたい』とか『こうしたほうがいいんじゃないか』と提案してきたことのほうが、最後までやり通すことが多いと感じています。私が『やれ』と言ってやらせていることは、しっかりチェックしないとやりませんが（笑）、『やりたい』と言ってきたことは、能動的に取り組んでいると思います。

もちろん、なんでもかんでも意見を通すわけではありませんが、私が社員の意見に『聞く耳』を持つようになったことで、『こんなことを言っても、どうせ社長は聞いてくれないだろう』と社員が勝手に決め付けたり、自分の意見に蓋をすることも少なくなりました」（吉貴隆人社長）

「コトブキ製紙株式会社」（トイレットペーパー・ちり紙等の製造販売）の武藤泰輔社長は、「社長が1人で『やろう』と決めたことは、うまくいかないことが多い』と感じています。そこで現在では、幹部にも意見を聞くようになった。その結果、幹部が自主的に動くようになった。

「以前、若手社員の離職が深刻化したとき、幹部を集めて、『どうすれば若手が辞めなくなるか、みんなで考えてほしい』と彼らに施策を検討してもらったことがあります。すると、みんなで一所懸命にいくつも案をつくり、実行に移してくれたんです。社長の私が『こうする』と決めて実行させるよりも、自分たちで考えさせたほうが、社員はよく動くと思います」（武藤泰輔社長）

Point 「聞く耳を持たない人」に指導するのは時間の無駄

人を動かすリーダーの心得

三流

部下のミスを黙認する

普通

部下がミスをしたら、始末書を書かせる

一流

社長が自ら始末書を書く

社長が始末書や反省文を書くと、社員が楽になる

武蔵野は、社員がルール（経営計画書に明記されている方針）に従わなかった場合、始末書、反省文、努力文の提出が決まりです。

では、社長がルールに従わなかった場合はどうなるか。

内容によるが、始末書や反省文を書くと、社員が楽になります。

始末書や反省文の文化がない時代、私は2回、坊主になったことがあります。前述の小田島直樹社長は2回、橋本唱市社長が1回坊主になっています。

経営サポートパートナー会員である、キンキ道路株式会社の経営計画書には、「出張に行くとき、社長（同行する社員も）はグリーン車に乗る」と書かれています。それなのに、甲藤聖二社長は、普通車座席に座っていました。

実践経営塾（武蔵野が主催する経営者セミナー）の合宿中に株式会社ロジックスサービス菊池正則社長からそのことを指摘された甲藤社長は、その場で、始末書を書く

ことになりました。実は菊池正則社長は坊主と始末書があります。

「私が始末書を書いたら、うちの社員が大喜びしていました。社長の失敗は、蜜の味ですね。そのときの始末書は、社内に今も貼り出されています。

それ以降、私は必ずグリーン車に乗っていますが、おもしろいことに、社員が喜んで私の出張についてくるようになりました。私と一緒なら、グリーン車に乗れるからです」（甲藤聖二社長）

社長が始末書を書く会社は、明るい

同じく、スチールテック株式会社の出口弘親社長も、始末書を書いた1人です。

「会社に570万円もの損失を与えてしまった。倒産が予見されていたお客様に製品を売り、多額の不渡手形を出してしまいました。

社内の情報共有と、与信管理の甘さが原因です。営業課長と私で責任をとることにして、営業課長は始末書を2枚書き、賞与半額。社長の私には上司がいませんから、小山さんに始末書を提出。その場でハンコを押していただいて、『寄付金100万円』を支払うことになりました。

社長のお金を会社に入れることは税務上も問題がありますので、小山さんから、『寄付金は、社員のために使いなさい』という指示をいただいています。

お金の使い道は、本部長に一任していて、『社員旅行の費用にあててもいいし、福利厚生のためにビリヤード台や卓球台を購入するのもいい。好きに使っていい』と言っているのですが、1つだけ、条件をつけています。『全自動麻雀卓の購入だけはダメ』と（笑）」（出口弘親社長）

社長が率先してルールを守らなければ、社員はついてこない

社員にだけ反省させるから不満が出る。社員であれ、社長であれ、ルールを守れなければ、反省するのが正しい。

社長が反省文を書く会社は、明るい会社です。

「株式会社アップルパーク」（駐車場および駐輪場の運営・管理）の山中直樹社長は、「社員に動いてもらうには、まず社長自らが動く必要がある」と述べています。

「やっぱり、リーダーが率先して動かなければ、下も動かないと思います。私は社員に、『時間は厳守する』『遅刻してはいけない』と指導をしているから、当然自分も、時間は守ります。私は今まで、遅刻をしたことは1度もありません。

先日、商談に向かう途中で、電車が止まってしまったことがあります。『このままではお客様を待たせてしまう』と思った私は、新橋駅で電車を降りて、商談先の横浜までタクシーで向かいました。タクシー代は1万円以上かかりましたが、お金を払ってでも、遅刻をしてはいけない。リーダー自身が緊張感を持って、厳しい姿勢で臨まなければ、社員もついてこないと思います。

とはいえ、じつは……、先日、はじめて遅刻をしました。当社の忘年会のときです。忘年会では、開始5分前に、社員は全員、席についています。ですが私が席についたのは、4分前でした。忘年会には、遅れていません。ですが、集合時間に1分遅れたのは事実です。そこで私は、経営計画書に従って、自分にペナルティを科しました。

最近では、道路が混んでいようと、電車が止まろうと、台風が来ようと、どんな理由であれ、『遅刻をしてはいけない』という意識を全社員が持つようになって、非常に統制がとれるようになってきたと感じています」（山中直樹社長）

Point 社長が率先して始末書を書く

■ 始末書を書いた社長（会社名のアイウエオ順）

株式会社愛媛総合センター
　丹後博文社長

協電機工株式会社　藤本将行社長

株式会社酒重　豊田芳彦社長２枚

株式会社末吉ネームプレート製作所　沼上昌範社長

株式会社高砂　吉田典靖社長

株式会社高田魚市場　桑原猛社長

株式会社東北通電工
　後藤文彦社長

株式会社ぱそこん倶楽部
　竹村昭広社長

株式会社 P.O. イノベーション
　見木太郎社長

有限会社ブックメイト
　難波誠社長

株式会社北斗型枠製作所
　遠藤政成社長

株式会社松尾モータース
　松尾章弘社長

株式会社ミラク　吉田宗平社長

株式会社本村　本村真作社長

ヨモギヤ楽器株式会社
　青山友治社長

方針をいかに伝えるか

一流

会社の方針を「紙」に書く

普通

会社の方針を「口頭」で伝える

三流

会社の方針がない

口約束は、守られない

武蔵野は、クルマの運転のしかた、タクシーの乗り方、道の覚え方まで、具体的なルールが決められています。

けれど私が、「これをやりなさい」と口で言っても、社員はなかなか実行しません。口約束は守られない。それればかりか、言われたことさえ忘れてしまう（笑）。

わが社には、「何をやればいいのか」「何をやってはいけないのか」を手帳サイズの「経営計画書」に明文化しています。

【経営計画書】

……経営理念、長期事業構想、社員教育、人事評価、採用、クレーム対応、資金運用、実行計画など、会社の方針と数字が明文化された手帳型のルールブック。

経営計画書をつくるメリットは、次の「2つ」です。

①社員が守るべき「方針」が明確になる

経営計画書は、会社の「ルールブック」です。

- 「車両を常にピカピカにする。雨の翌日は必ず洗車する」
- 「クレームの報告、連絡を怠ったときは、1回で賞与を半額にし、上司・当事者がかかった費用を負担する」
- 「部下を早く帰らせない幹部は評価を下げる」
- 「上司は毎月、部下とマンツーマンで飲みに行く」
- 「出張の日報が2日以内に提出されなければ、日当は支払わない」
- 「社内不倫が発覚した場合は、事実を確認後、Ⅰ等級1グループに降格とし、賞与は1年間支給しない」

など、守るべきルールや実行すべき方針を明文化しておけば、誰が、いつ、どこで読んでもブレることがなく、社員全員が「同じ方向に動く」ことができます。

「ＫＦＣ株式会社」（生命保険の代理店「ほけんの窓口」）の川島晶彦社長も、「口頭では社員は動かない。文章にすると社員は動く」と話しています。

「生命保険の販売は、自営業者の集まりみたいで、なかなか言うことを聞かないんです（笑）。当社は、訪問型の販売ではなくて、来店型ですから、組織で動く必要があります。ですので、自営業者の集まりから『組織』に変えていかなければなりません。では、どうすれば、組織としての一体感を高めることができるか。好き勝手に、自由奔放に動くスタッフをまとめるためには、会社の方針を明確にすることだと気がついたんです。そこで、『経営計画書』をつくることにしました。経営計画書の内容を定着させるにはもう少し時間がかかりそうですが、それでも、『やること』『やらないこと』を明文化したことで、社員の意識も揃いはじめていると感じています」（川島晶彦社長）

②経営計画書は「社長自身を追い込むツール」でもある

「株式会社ミヨシテック」（ガス内管工事、住設機器販売・施工）の永谷顕社長は、「経営計画書は、社員に方針も守らせるだけでなく、社長自身を追い込むツールでもある」と考えています。

経営計画書に明記してしまえば、やらざるを得なくなります。それは、社員も社長も同じです。経営計画書の事業年度計画（年間スケジュール）には、『いつ実行するか』『何を実行するか』が書かれてあって、書いてある以上は、社長が率先して汗をかかなければなりません。

経営計画発表会に、銀行や取引先を招待して、みなさんの目の前で会社の方針を発表しています。『やります！』『こうします！』と宣言したのに、『やっぱりできません』とはさすがに言えない（笑）。経営計画書に首を絞められているのは、社員ではなく、私自身かもしれませんね。経営計画書は、『社長を追い込むためのツール』だと感じています」（永谷顕社長）

Point 口約束は、守られない。紙に書けば、守られる

何を言っても伝わらないとき

三流

放っておく

普通

口で伝える

一流

しくみと「お金」で伝える

社員にとって、愛はお金

ここまでに何度かお話ししてきたように、伝えるためには「形にする」ことが大事です。そのためにしくみや制度をつくる方法もありますが、もう1つ大きな要素があります。

それは、「お金」で釣る、ということです。

社員にとって、愛はお金です。誤解を恐れずに言えば、社員のやる気は「お金」で決まる。社員の一番の関心は、「頑張ったあと、どれだけお金がもらえるか」です。お金がもらえるなら、頑張る。お金がもらえないなら、頑張らない」と考える社員が、まともです。

「これをやったら、あなたに1000円あげる」
「これをやらないと、賞与が低くなってしまう」
「これだけ業績を出せば、給料がこれだけ上がる」

というルールを明確にしておくと、わが社の社員は、「お金がほしい」という不純な動機から、「嫌々ながら」「しかたなく」「面倒だと思いながら」も、頑張ります。これが人間の心理です。

評価のしくみが明確なら、賞与額が低くても文句は出ない

社員が一番関心を持つのは、「お金」です。それなのに社員は、「自分の給料や賞与が上がるしくみ」を理解していません。

どうすれば自分の給料や賞与が上がるのか、どうすれば下がるのかがわかれば、社員は自分の評価に納得します。

「株式会社ヨシムラ」（食料品製造業）の吉村司社長は、「人事評価のしくみをつくり、周知した結果、社員のモチベーションが変わった」と感じています。

「当社も、武蔵野さんにならって、賞与の評価面談を行なっていますが、評価シート

に基づいて面談をすると、社員も、自分の評価に納得しています。

その社員のいいところ、悪いところ、できたところ、できなかったところが数字によって明確になるため、あいまいさが残ったり、感情論で話をしたりすることがありません。したがって、社員も腑に落ちます。

評価が低かった社員には、『あなたはやればできるのに、自分で『やらない』という決定をしてしまった』『こういう原因で評価が悪かった。だから、こうしてみたらどうか。そうすれば、今度は評価がよくなる』と相手が理解できるように、具体的に話をします。『どうすれば評価がよくなるのか』がわかると、今回は評価が低くても、次の希望につながるから、社員のモチベーションは落ちません」(吉村司社長)

「アドレス株式会社」(不動産仲介業)の高尾昇社長も、社員をお金で釣った社長の1人です。

「当社は地方の5人の不動産会社から武蔵野の指導を受けてスタートしたが、以前は、完全歩合制でした。

完全歩合制ですから、働くか働かないかは、自分次第です。働かなければ1円も給料が入らないし、働けば給料がよくなります。だから、売上だけ上げていれば、社長の言うことを聞かなくても文句を言うなという雰囲気でした。

武蔵野さんの指導を受けるようになってからは、完全歩合制を廃止して、人事評価制度をきちんとつくったのです。

ところが、それに反対する人たちがいて、完全仕組化に以降するまでの過程で、ずいぶん社員は辞めていきました。

現在は評価体系を明確化して、客観的な評価に基づいて賞与を支払っています。評価制度ができたことで、『どのように頑張れば、自分の給与が上がるのか』が明らかになりました。離職率も下がって、社員のモチベーションは高くなったと思います」

(高尾昇社長)

社員が会社のルールを守るのは、「お金」がもらえるから

実際のところ、わが社では、さまざまな場面で「お金」で釣るしくみがあります。

禁煙した社員は禁煙手当がつき、社内勉強会の参加もボーナスの査定に影響します。参加しなければ賞与が下がる。だから、お金のために参加します。

禁煙手当は、「一般社員…年間10万円。課長職以上…20万円」です。

サンクスカード（社員に感謝の意をあらわすためのカード。115ページで詳述します）は、一般社員は月に10枚以上、パート・アルバイトは月に5枚以上書くと、500円支給。管理職は月20枚以上で500円支給されます。

課題図書（私が書いた本）を読んで感想文を書けば、500円。要領のいい山田宗秀（経営サポート事業部）はダスキン国分寺支店店長のとき「最初の10ページ」だけ読んで感想文を書いた。そこで現在は、最後まで本を読ませるために、「本に掲載されている人名（登場人物）を全員、もれなく書く」のが感想文のルールです。

選挙に行くと、500円。誰に投票してもかまいません。

創業者のお墓参りも500円ですが、現在は部長職以上と希望者です。

新入社員が、ゴールデンウィーク中に帰省し、ご両親と食事をして感謝の言葉を伝えれば、帰省手当（交通費）を会社が支給します。経営サポート事業部の濵元未央の実家は鹿児島で、ゴールデンウィーク中は早割が使えないため、交通費だけで7万7

000円かかりました。

私が社長に就任した当時（1989年）の武蔵野の社員は、「ノーネクタイ」でした。ネクタイを「しない」のではなく、「持っていない」社員がほとんどだったから、毎月5000円の「ネクタイ手当」を支給しました。世界広しといえども、「ネクタイ手当」を出していた会社は、武蔵野くらいでしょう。

言ってもやらないことについては、少額でも手当を付ける。するとさっさと動いてくれます。

武蔵野の社員が勉強熱心なのは、成長したいからではない？

武蔵野は、「早朝勉強会」の制度を設けています。朝7時30分からの開催にもかかわらず、ほとんどの人が参加します。

それは、「お金がほしい」という不純な動機があるからです。「自己成長したいから勉強をする」という殊勝な志を持つ社員は、ほぼゼロ。

早朝勉強会に1回参加すると、500円の報奨金がもらえます。参加は自由ですが、出席状況を賞与評価に連動させているから、事実上は、強制的に勉強をさせるしくみです。


早朝勉強会に「半期に10回以上」参加しないと、評価が下がります。評価が下がれば、賞与が減る。賞与が減るのは嫌なので、しかたなく勉強するようになります。

就業時間外の勉強会は研修残業として職責に関係なく最低賃金×1・25×時間で給与時に手当として支給しています。


多くの人は「口で言って人を動かす」のが正しい、と思っています。

でもそれは違います。

動かないのは、口でとやかく言っているからです。

「お金で釣るのは不純だ」という声もありますが、社会通念上許される範囲であれば、少々動機が不純でもいい。

経営の「結果」が清ければ、動機は不純でもかまわない。これが私の信条です。「清く正しく美しく」などと考えていたら、社員のモチベーションを上げることはできません。

Point 結果が清いものなら、動機は不純でいい

第2章

人を動かすほめ方・叱り方

ほめる

三流

平均より低い人はほめない

普通

「頑張ってるね」

一流

「先月より売上が倍になったね」

「おだてる」は主観的で、「ほめる」は具体的

多くの社長や上司は、「おだてる」と「ほめる」の区別ができていません。

- 「おだてる」……嬉しがることを言って、相手を得意にさせる。そそのかす
- 「ほめる」……「何が、どうよかったのか」を具体的に示して、さらなる成長をうながす

「おだてる」は、主観的です。

「ほめる」は、具体的です。

ほめるときは、具体的な根拠を提示する。**根拠のない「ほめ」は、「ほめる」ではなく、「おだてる」です。**

「おだてる」は、人の成長を妨げます。

「ほめる」は、人を成長させます。

「頑張っているね」と声をかけるのは、「おだてる」です。なぜなら、「頑張っている」という言葉は主観的な解釈ができるからです。

「頑張っているね」と声をかけられた人は、「ああ、こんな感じでやっていればいいんだ」と物事を甘く考え、慢心します。ほめるときは、「頑張っているね」のあとに、**「具体的に、何が、どうよかったかのか」を数字をつけて伝えることが大切**です。

数字はそれだけで「言葉」です。

「佐藤駿さん、頑張っているね。この間、計画作成勉強会をあなたが担当したんだってね。高石自動車スクールの藤井康弘社長が、『すごくわかりやすい説明だった』と感心していたよ」

と具体的な内容を踏まえながらほめるようにします。

このようにほめると、ほめられた人は、「次もわかりやすい説明を心がけよう」と意欲的になります。

「過去の自分の数字」を入れながらほめる

ほめるときのポイントは、次の「2つ」です。

①「数字」を入れてほめる

部下が商品を「10個」売ってきました。

前回が「8個」としたら、「2個も増えたなんて、よく頑張ったね。次は12個だね」と数字を入れてほめる。すると、「次は12個を目標にしよう！」と、社員はやる気を出すようになります。

わが社は、モチベーションアップのための各種褒賞・表彰制度を設けています。第55期の優秀社員賞を受賞した石橋伸介部長（当時課長）に対し、上司の平林徹部長は、次のように、数字を入れながら、具体的に「ほめ」ています。

「おめでとうございます。北陸地区担当として、今まで培ってきたノウハウとスピード対応で、1年で1億6800万円増加、成長率160％を達成しました」

②「過去の自分」と比較してほめる

人間は、人と比べられるとやる気をなくしたり、言い訳をしがちになります。したがって、他人とではなく「過去の自分」と比較させるほうがいい。

部下が商品を「10個」売ってきても、部門の「平均が15個」だとしたら、三流（上司）は、「平均より低いからほめられない」と考える。

しかし先月のその人の売上が8個で、今月が10個だとしたら、「2個も増えている。よく頑張ったね」と具体的にほめることができます。

「過去の自分」との比較は、「ほめる」ときだけでなく、「叱る」ときの根拠にもなります。

「先月は10個売れたが、今月は8個しか売れなかった」とき、2個減った原因は、ほかならぬ自分にあります。人間は過去の自分が挙げた数字を持ち出されて比較されると、言い訳をせずに、素直に受け入れるようになります。

Point 単なる「頑張っているね」のひと言が人をダメにする

ほめる

三流
まったくほめない

普通
「業績1位なんてすごいじゃないか」

一流
「あのときの服、似合ってたよ」

親密さや信頼関係は、回数に比例して高まる

武蔵野は、「愛」は「関心を持つこと」と教えています。
「愛」の反対が「無関心」です。
新入社員がはじめての給料で買った新しい服を着てきました。
でも、わが社の社員の多くは、鈍感かつ無関心で、誰も気づきません。
そこで私が、
「お、いい服着ているな」
と声をかけると、彼女は
「社長だけです。ほめてくれたのは」。
ほめるのは、タダです。
でも、こうした**細かなことの積み重ねが、相手との信頼関係を築いていきます。**
株式会社ミスターフュージョンの石嶋洋平社長が、武蔵野の経営計画発表会の映像

（動画）を見ている最中に、女性社員が「私、小山社長のこと、以前にも見かけたことがある」と言い出したそうです。

どこで私のことを見かけたのかというと……、歌舞伎町ナンバーワンのキャバクラでした（笑）。

その女性は以前、キャバクラでアルバイトをしていて、そのときに他のキャストから、私のことを「このお店で有名なお客様」と教えられたそうです（笑）。

なぜ、私は、「有名なお客様」と呼ばれたのでしょうか。

それは、**小さなことをほめたから。**

そして、どのキャストとも、平等に、公平に接したからです。

モテない社長は、気に入ったキャストにだけチップを1万円渡し、他のキャストにはあげない。だから、「ケチ社長」と陰口を叩かれます。

私なら、1万円のチップを1人に渡すことはありません。「10人のキャストに1000円ずつ」渡します。

キャストにしてみれば、「年に1、2度、1万円もらえる」より、「毎回1000円もらえる」ほうが嬉しいのです。

社員をほめるときも、同じです。親密さや信頼関係は、回数に比例します。大きな契約がとれたり、大きな手柄を立てられるのは、せいぜい1年に1～2回です。ということは、大きなことをほめるチャンスはなかなか訪れません。人間は、「大きなことを年に数回」ほめられるよりも、「小さなことをたくさんほめられる」ほうがやる気になります。

社員の情報をメモしておくだけでも「ほめる材料」にする

部下の情報をメモしておくだけでも、社員との信頼関係の構築に役立ちます。

私は、「ひらめいたこと、思いついたこと、観察したこと」をいつでも、どこでもメモにとっています。しかし、「役に立たないこと」はメモしません。

私にとって「役に立つこと」とは、「10年後の経営の参考になること」です。

ですから、「毎日のニュース」はメモにとりません。ニュースは、日によって変わる例外事項です。「ＡＫＢ48の○○○○が卒業した」とメモしたところで、10年後の経営には、何の役にも立たない。

私はかつて、社員の持ち物や趣味、生年月日、家族構成、将来の夢などをメモしていました（現在も、ザウルスという携帯情報端末の中にデータを保存してあります）。

そして、その情報は社員を「ほめる」ために利用しました。**社員の個人情報は、10年後も役立つ情報**です。経営サポート事業部の荒谷直子のメモには、こう書いてあります。

「大きくなったらピアノの先生になりたかった。血液型はＢ型。尊敬する人物は父親。短大から大学に編入」

そして、荒谷と話をするときに、

「お父さんを尊敬している人、なかなかいないぞ」

とひと声かける。すると荒谷は、

「どうして私がお父さんを尊敬しているのを知っているのだろう？」

と驚き、そして、「小山さんは、私のことを気にかけてくれている」と喜びます。

また、社員の誕生日、結婚記念日、奥さんの誕生日、長期休暇の前には、ハガキを送っています。

現在、わが社の社員は250名、パートを入れて800名。私がコンサルティングをしている経営サポートパートナー会員の社長700名を含めると、「1年間で年に3000枚以上」ハガキを書いています。

「忙しいのに、いつ書いているのか」と思われるかもしれませんが、細切れ時間を使って書いています。1枚書くのに3分はかからないから、10分あれば3枚書けます。

文面が思いつかなくて書くことがないという人は、誰の心にも響く「定型文」をひとつ考えておくといいでしょう。

私の場合は、

「あなたの心の宝は何ですか。大切にしてください」

です。このフレーズなら相手を選ばず、また、誰がもらっても「いい言葉だ」と思ってもらえます。

社員のフルネームを知らない社長は、ダメ社長

多くの社長や幹部は、自分の部下のフルネームを書くことができません。名前も書けないのに、どうして社員との信頼関係が築けるのでしょうか？

「株式会社川六」（ビジネスホテル経営、再生）の宝田圭一社長も、「社員の名前が出なくて、焦るときがある」と話しています。

「小山さんは、社員のフルネームを覚えていますが、私はいまだに忘れてしまうときがあります。当社は社員50名、パート50名の組織です。社員のフルネームはなんとか覚えたのですが、パートさんとなると、自信がありません。名札をちらっと見ることもあります（笑）。

たまに懇親会の席で、『社長、私の名前、ちゃんと覚えていますか？』と試されることがあるんです。『知っていますよ、もちろん』と答えながらも、『えーっと』と口ごもってしまったりして（笑）。

名前がすぐに出てこないことは、『従業員との結びつきが弱い』『コミュニケーションがとれていない』ことですから、社長としては、もっと努力をしなければいけないと感じています。

社長と社員のコミュニケーションがとれるようになると、社員も気持ちよく仕事ができる。社員が気持ちよく仕事ができれば、業績もよくなる。そう思います」（宝田圭一社長）

洋服の色をほめられただけで、会社を信頼するようになる

武蔵野は、毎年5月に経営計画発表会を開催しています。会社の規模が今ほど大きくなかったときは、パートも参加していました。

懇親パーティーもビデオ撮影をしていたので、私は後日、ビデオを見ながら、「○○さんは、白い服」「△△さんは、黒い服」……と、パートが着ていた服の色をすべて書き出していました。なぜ、服の色をメモしたのか、「ほめる材料」になるからです。

そして、翌年の経営計画発表会のときに、私はパート一人ひとりに、次のように声

をかけました。

「○○さん、昨年の白い服もよかったけど、今年の緑の服もよく似合っているね」

「△△さん、昨年の黒い服もよかったけど、今年のピンクの服もセンスがいいね」

どうしても声をかけられなかった人には、後日、「経営計画発表会に着ていた服、似合っていました」と書いたハガキを投函して、全員を平等にほめるように心がけました。

私がしたことは、「洋服の色をほめただけ」です。ですが、たとえ小さなことでも、ほめられたパートは、「私のことをそこまで見てくれているのか」と喜んで、会社に対する忠誠心や信頼を持つようになります。

Point **人は自分に関心を持ってくれた人に心を動かされる**

ほめる

三流

最初から最後までけなす

普通

最初から最後までほめる

一流

最初はけなし、最後はほめる

けなしながらほめたほうが、社員は喜ぶ

武蔵野には、さまざまな表彰制度があります。優秀な成績を残した人に贈るが、私は絶対に、額面通りには表彰状を読み上げることはありません。

「けなしながらほめる」のが、私のほめ方です。

「けなしながらほめる」と、「この社員には減点が多くあるけれど、それ以上に、たくさんの得点がある」ことを伝えられます。私は以前、次のように、けなしながらほめたことがあります。

「第54期下期成績優秀者経営サポート事業部インスト部大崎寿行さん、あなたは入社時、最高学歴で入社し28年間、『やる気』でなく『居る気』のウダツの上がらない社員です。日曜日は絶対に仕事はしませんと宣言。それが、昨年、僕課長になりたいと言い出した。ビックリした。

土・日曜日のMGシニア研修に出させてくださいと言われ、無条件で何回も出させた。今では、『社長の決定』ソフトの先生として活躍。功績を評価して55期課長に任

命します」

また、こんなコメントをしたこともあります。

「あなたは、手は早いが、仕事が遅いことで、社内でもとても有名です。昨年から心を入れ替え、『仕事をやります』と宣言しましたが、全然信用はしていませんでした。でも、毎日頑張って、成果を出しました。さらに頑張って昨年の12月は、前年対比125％を達する大原動力となりました。本当にありがとうございます。ただ、早朝勉強会に出てこないのが玉にキズです。そのキズを直して頑張ってください」

私が、こうしたきわどいジョーク（ユーモア）を言えるのは、社長と社員の間に、深い信頼関係があるからです。

Point 「けなしながらほめる」ことができれば、「ほめ」の上級者

感謝を伝える

三流	普通	一流
「ありがとう」を伝える文化がない	メールで伝える	ハガキで郵送する

サンクスカードの枚数を賞与の評価と連動させる

武蔵野では、小さなことをたくさんほめるしくみとして、「サンクスカード」を取り入れています。

サンクスカードとは、

「○○さん、忙しいのに、手伝ってくれてありがとう」

「○○さん、いろいろ教えてくれてありがとうございます」

「○○さん、キャンペーンでいい結果を出してくれて、ありがとうございます」

と、小さな感謝を伝えるしくみです。

サンクスカードを「手書き」にしたのは、心（=感謝の気持ち）は、手間をかけないと通じないからです。

また、手で書いているときは、「その人のこと」しか思っていないから、その人を思う内容になります。

とはいえ、私が「サンクスカードを送ろう」と提案しても、社員は、なかなか書きません。面倒だからです。

そこで、**サンクスカードの枚数を賞与評価と連動**させています。

- パート・アルバイト……月に5枚以上
- 1、2グループ社員（一般社員）……月に10枚以上
- 2・5グループ以上社員（管理職）……月に20枚以上

毎月、決められた枚数を出さないと、評価が下がる。評価が下がると賞与額が下がる。賞与が下がるのが嫌で、しかたなくサンクスカードを書くようになる。

「そんな不純な動機で書いたサンクスカードをもらっても、嬉しくない」と思われるかもしれませんが、そんなことはありません。

送るほうは、「賞与の評価を下げたくないから、しかたなく君にカードを出した」と正直に話さないから、もらったほうは、素直に喜びます。

さらに、サンクスカードの枚数を定期的に集計し、「誰が何枚送り、誰が何枚受け取ったか」を公表しています。

毎月の集計は、「半期で送った枚数が一番少なかった社員が次の半期の集計担当をする」と経営計画書に明記しています。

そして年に1度、「1年間で最も多くサンクスカードを書いた人」と「1年間で最も多くサンクスカードをもらった人」を表彰しています。

大切なのは、動機は不純でもいいから、「ありがとう」の気持ちを相手に伝える。「ほめる、ほめられる」の関係が、社内のコミュニケーションを円滑にします。

サンクスカードが社内に回りはじめると、「他人の少しでもいいところ」を探そうとするため、会社の雰囲気が明るくなります。

サンクスカードが年間10万枚を超え集計が大変になり、現在は株式会社ＮＳＫＫが開発した「サンクスカード」アプリを使用しています。

社員の家族を会社の味方にするしくみ

私は、サンクスカードをハガキに貼って、今でも社員の自宅や実家に郵送しています。

どうして郵送するのかというと、社員は、「自分がほめられたこと」を家族に言わないからです。

郵送すれば、本人よりも先に、家族がハガキに目を通します。すると、奥さんは、「うちのダンナ、頑張っているな。今日は発泡酒ではなくビールを飲ませてあげよう」とやさしくなり、そのあとで、「これからも社長にほめてもらえるように、頑張ってもらわなくちゃ」とダンナの尻を叩く（笑）。

実家の両親は、「うちの子ども、頑張っているな」とわが子の活躍を嬉しく思い、「もし、あの子が『会社を辞めたい』と言い出したら、反対しよう。社長がハガキを送ってくれるような会社をやめたらもったいない」と引き止めてくれます。

サンクスカードは、社員の家族を会社の味方にするしくみでもあります。

子どもから送られたサンクスカードに涙する従業員も

武蔵野は、年に3回、「こども会社見学会」を実施しています。

実際に親の仕事現場を見学し、体験することで（経営理念の唱和や環境整備、モップ交換などを体験）親の仕事への理解が進み、お父さんとお母さんへの感謝の気持ちを育てることにもつながります。

参加者に、会社から「食事代」として1万円が支給されます。見学会の終了後は仕事に戻らず、そのまま子どもと帰宅し、支給されたお金で食事に行ったり、家族サービスをします。

子どもたちに、B4サイズの紙に「サンクスカード」を書いてもらいます。

「お父さん、いつもお仕事ありがとう」

子どもたちは、色画用紙に自由にメッセージや絵を書き、さらにシールを貼ったりと、夢中になって作成したサンクスカードを親にプレゼントします。

子どもから感謝されると（ほめてもらえると）、親は格別な満足感を覚える。だから、

「これからも頑張ろう」と思う。なかには、涙腺《るいせん》が緩む社員もいます。

サンクスカードが普及すると、社員の離職率が下がる

「株式会社ケイズグループ」（鍼灸整骨院）の小林博文社長は、定期的に全治療院（45か所）を回り、「ありがとうカード」を渡しています。

「環境整備点検日に、毎月、店舗を回っています。普段はなかなか社員さんと話す機会がないから、そのときに『ありがとうカード』を渡すようにしているんです。はじめてから2年くらい経ちますね。

1店舗につき、1人選んで渡していますが、私は全社員を日頃から見ているわけではないから、院長やマネジャーから、『誰が、どんな成果を上げたか』を毎月、報告してもらっています。

また、弊社が営業する治療院は店舗数も多く、広範囲に出店しているため、違う店舗の社員とはなかなか会う機会がありません。

そこで、社員同士のコミュニケーションの量を増やすために『サンクスギフト』のしくみも導入しています。ウェブ上で誕生日を祝ったり、感謝を伝えられるしくみです」（小林博文社長）

社長と社員、あるいは社員同士が「ありがとう」を伝え合うようになって、「離職率も下がってきた」と小林社長は話しています。

「私たちの業界は、いわば『職人』の業界です。治療法は世の中にたくさんあります。1つの治療法を覚えると、新しい治療法を覚えたくなって、他社に行く人が多かったんです。ですが最近では、離職が少なくなっています。その背景には、間違いなく、コミュニケーションがありますね。『ありがとう』を言い合える環境づくりが、社員のやりがいにもつながっていると実感しています」（小林博文社長）

Point サンクスカードは、小さなことをたくさんほめるしくみ

叱る

三流

「何やってるんだ！」と感情的に怒る

普通

「おまえはどうしてそうなんだ」

一流

「先にお客様に伝えるべきじゃなかったのか」

「怒る」と「叱る」を取り違えてはいけない

多くの社長や上司は「怒る」と「叱る」の区別ができていません。「怒る」と「叱る」は違います。部下への指導は、「叱る」のが正しい。

- 「怒る」……自分の感情の赴くまま、相手を責める。育成・指導という目的がないので、相手の人間性を批判・否定する
- 「叱る」……相手の間違いを具体的に指摘し、「どこが、どのように悪かったか」を納得させる。2度と同じミスをしないように、指導する

「怒る」は感情的。「叱る」は具体的です。

「怒る」は、自己の感情の表現でしかありません。

一方で、「叱る」は、ただ怒りの感情をぶつけるのではなく、失敗などに対して「なぜそうなったのか」「どうすべきだったのか」といった気づきを与えることを目的と

しています。相手の成長を考えた上での叱責です。どちらを心掛けるべきかは明白です。

叱るときのポイントは、次の「3つ」です。

①「人」ではなく「こと」を叱る

部下に、「3日後の午前10時までに、この仕事を終わらせてほしい」と指示を出します。

それなのに、4日たっても、5日たっても部下が仕事を終えていないときに、「○○くん、この仕事の締め切りは、3日後だったよね。もう2日も過ぎている。だから今日中にやってほしい」

と叱責するのは当然のことです。しかし、「一体、いつまでかかってんの？　3日後までやっとけって言っただろ？　頭悪いな」と怒ってはいけない。「頭悪いな」という表現は、相手の人間性を否定することになります。

叱っていいのは、「仕事の間違い（できなかったこと）」です。「人」ではなく「こと」を叱るという原則を守っているかぎり、叱られている社員も納得できます。

相手の間違いを指摘するときは、その場で事実を指摘し、事実を叱り、事実に基づいて軌道修正をする。事実による叱責は、「何が問題だったのか」「どこを、どう改善すればいいのか」が明確です。

②お酒を飲んでいるときは、叱らない

お酒を飲みながら部下を叱責すると、感情の抑制が難しくなって、お説教モードに入ります。そして、論点がブレたり、「叱る」が「怒る」に変換されてしまう。

「酒席の最中は、仕事の相談を受け付けない」のが私のルールです。難しい仕事のアドバイスを求められても、私は、「今、お酒を飲んでいるから、判断を誤るかもしれない。具体的な指示は明日の朝に出すから、あなたのできる範囲で対応してほしい」と伝えています。

独身時代には、「歌舞伎町の夜の帝王」とまで言われた私でさえ、アルコールが入ると、論点がブレやすくなる。しがたって、お酒を飲んでいるときは、具体的に「こうしろ、ああしろ」と指示を与えることはありません。

③叱ると同時に、相手を認める

子どもが親の言うことを聞かないのは、成長した証拠です。「何もできなかった自分」から、「何かができる自分」へ変化した証拠です。

けれど、そのことに気がつかない親は、「子どもは、いつまでも何もできない」「いつまでも、親の手助けが必要である」と決めつけ、しつけようとする。だから子どもは反発します。

社員も、子どもと同じです。部下が上司の言うことを聞かないのは、部下が成長したからです。それなのに、マネジメント能力のない上司は、いつまでたっても部下を新人扱いする。だから社員は反発します。

人には「認めてもらいたい」「自分のことを知ってほしい」という承認欲求があるから、相手を全否定してはいけない。

「今のおまえなら、それをする実力があるのに、手を抜いたからオレは納得できないんだ」など、よい部分、努力している部分、頑張っている部分を認めた上で、注意したいポイントを叱るようにする。相手を叱ると同時に「認めている」ことを伝えると、叱られた相手も、素直に受け止められるようになります。

「有限会社松尾建材」（生コンクリート製造販売）の松尾昭社長は、「社長が以前より怒らなくなったことで、会社の雰囲気が変わった」と言います。

「先日、社員に、『昔のオレ、どうだった？』と聞いてみたんです。すると、『話しかけにくいオーラを出していた』『人を寄せ付けない感じがあった』と言われました。次に『では、今のオレはどう？』と聞いてみたところ、『話しかけやすくなった』『以前はすぐに怒っていたけど、今はあまり怒らなくなった』と評価が変わっていたんです。

今までは、社員を変えようと思って、うまくいかなかった。社員を変える前に、自分が変わらないといけなかったんですね。

以前の私は、『わからないこと』に対して、すぐに怒りの感情が湧いていたんです。**怒ったところで問題は解決しないのに、『解決した気分』になっていました。**

ですが、飲み会を増やしたり、環境整備をするなどして、社長と社員の価値観が揃うようになったことで、『わからないこと』が少しずつなくなってきました。

私が『怒らないように我慢している』よりも、社長と社員のベクトルが合ってきたことで、社員が私の考えを汲み取り、すぐに動いてくれるようになった。私も、彼らの個性を尊重できるようになった。だから、怒る必要がなくなったんです。今は、精神的にも余裕を持って社員と接することができます」（松尾昭社長）

叱れない人を管理職にしてはいけない

私は、「部下を叱れない・叱らない人」を管理職にすることはありません。私は、「叱れない人」＝「出世したくない人」だと解釈しています。

社長や上司が部下を叱れない・叱らない理由は、「よく思われたい」「敬意を持たれたい」という心理が働くからです。

部下を叱ると、嫌われるのではないか。職場の空気が悪くなるのではないか。人間関係がギクシャクするのではないか……。

そんな思いが先に立ち、部下がミスをしても、見て見ぬ振りをする。しかし、ささいなミスでも、小さなルール違反でも、それを見逃すと組織にたるみが生まれます。

叱るべきときにはきちんと叱り、組織を引き締めるのが、管理職の役割です。軋轢《あつれき》を怖れて叱らないのは、管理職としての仕事を放棄するのと同じです。

叱ったあとにギクシャクするとしたら、それは、

「叱っているのではなく、怒っている（感情の赴くままに相手を責めている）」

「叱る目的が明確ではない」

「『こと』ではなく『人』を叱っている」

からです。

事実に基づき、具体的に叱っていれば、きつく叱ったところで人間関係は壊れません。

Point 「人」より「こと」。事実を指摘し、事実に対して叱る

叱る

三流
失態は本人にだけ伝える

普通
失態を本人と社内に伝える

一流
直筆のハガキを送り、家族にも公表する

小山昇の最終兵器、命中率100％のテロ爆弾

武蔵野の社員が最も恐れているのは、小山昇から発射される「テロ爆弾」です。命中率は100％。この爆弾の直撃を受けた社員は、もれなく、全面降伏します。

テロ爆弾とは、私が書く「直筆のハガキ」のことです。

奮起をうながしたい社員には、ハガキのオモテ面に「親展」と記した「テロ爆弾」を投下します。

ダスキンクリーンサービス事業部の遠田優貴課長に、次のように書いた爆弾を放り込みました。


「能力があって課長になった。

上から目線では、部下は動かない。

今回、平社員に更迭です。

能力は評価しない。結果を評価する。

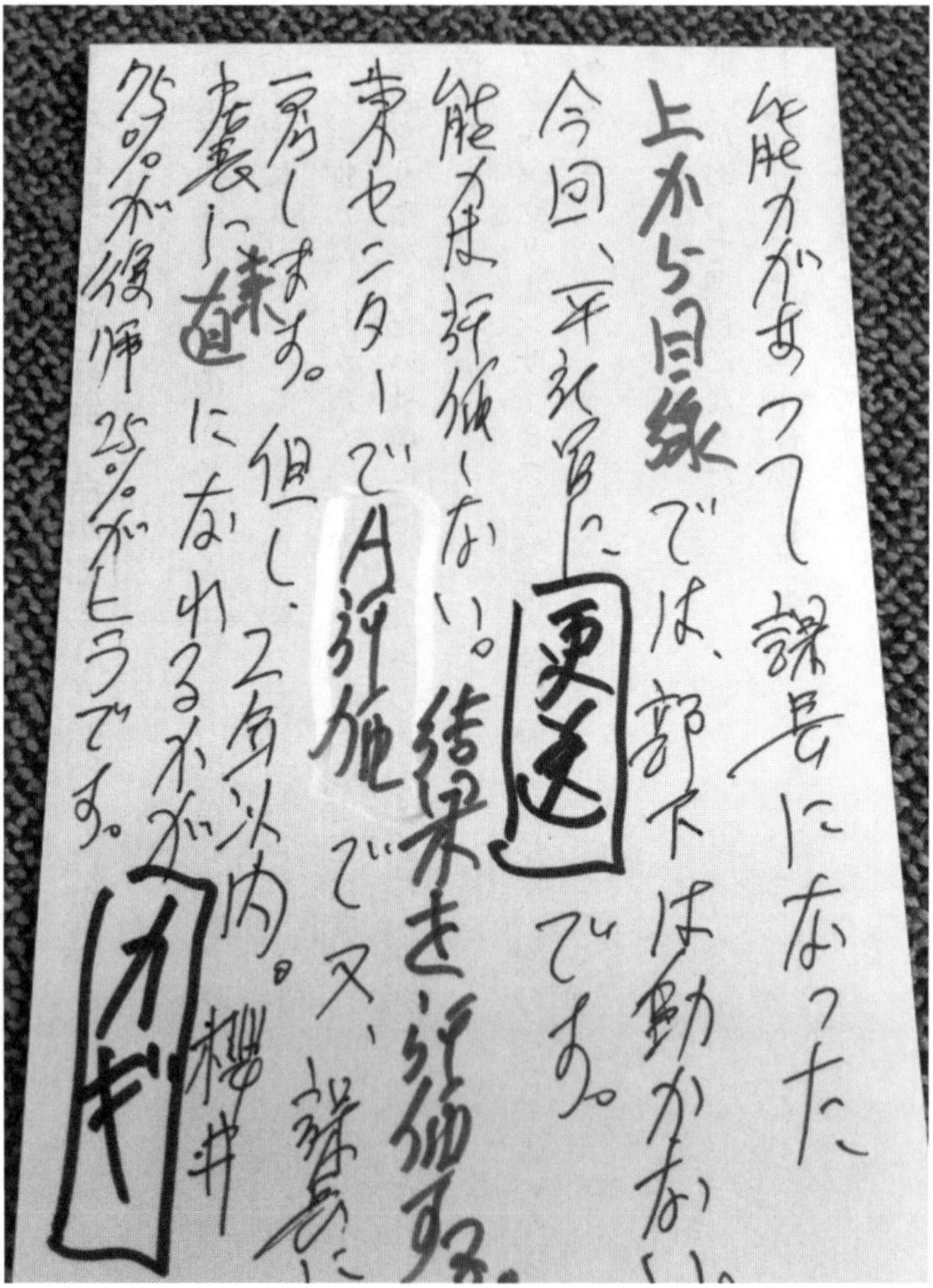
能力がなって課長になった
上から目線では、部下は動かない
今回、平社員に更迭です。
能力は評価しない。結果を評価する。
東センターでA評価で又、課長に
戻します。但し、2年以内。
課長に謙虚になれるかがカギ
櫻井
75%が復帰25%がヒラです。

東センターでA評価で又、課長に戻します。

但し、2年以内。

櫻井店長に素直になれるかがカギ。

75％が復帰　25％がヒラです」


「親展」（宛名となっている本人が自分で封を切って読んでほしいという意味）にしてはいるものの、封書ではないので、開封しなくても読むことができます。

自宅に届いた爆弾を最初に処理する（目にする）のは、奥さんです。

「今回、平社員に更迭です」

と書かれたハガキを新婚旅行から帰って来た日に読んだ奥さんは、「よかったネ、頑張ってネ」と励ました。遠田は4か月で課長に復帰した。

また、ある社員には、

「境幸二さんは、すごい能力に恵まれているのに、その能力を生かしていない。ここまでくると犯罪だ、犯罪者だ！」

と書いて送りました。

このハガキも例にもれず、本人より先に家族の目に止まった。境は小学生の息子から、「お父さんは犯罪者だから、タイホだ、タイホだ！」とからかわれた（笑）。

ダンナ（社員）が帰宅するなり、お仕置きです（笑）。

しかも、奥さんのお仕置きは、私の爆弾より数倍の破壊力がある。奥さんに叱られ、尻を叩かれ、たきつけられ、ハッパをかけられた社員は、翌日私の前で、「これからは、頑張ります」と白旗を上げます。

私のテロ爆弾が原因で、ときには家庭内騒動を引き起こすこともありますが（笑）、プライバシーだの、パワハラだのと四の五の言う社員はいません。なぜなら、爆弾を落とされて社員は、例外なく奮起して、結果を出しているからです。

自分の失態や悪い状況が明るみになるから、社員は「今の状況を変えよう」と本気で思うようになります。

Point　家族を巻き込みながら、部下を成長させる

反論する部下に

一流

事実を先に確認する

普通

無視する

三流

怒る

「叱ると反論してくる部下がいて困る」と嘆く社長がいます。この社長は、相手の心理がわかっていません。

部下が反論するのは、理由があります。理由の1つは、「叱られている内容が事実ではない」からです。

ようするに、**事実を確認しないで叱りはじめるから、反論が出る。**

私は自他ともに認める「チェックの鬼」であり、「事実確認」を徹底しています。したがって、叱る前には、必ず「何があったのか」を確認します。

社員に「頑張れ！」と奮起を促したいとき、根拠を示さず、頭ごなしに「おまえ、最近やる気ないだろ。このままだと、同期の○○に負けるぞ。頑張れ！」と叱っても、聞く耳を持ちません。一方的だからです。

ところが、数字、実績、勤務状況、上司からの報告などと照らし合わせながら、「最近、数字がこれだけ落ちている。数字が落ちた原因は、時間の使い方に問題があるからだ。このままだと、同期の○○に先を越されてしまう。だから、頑張れ」と言われると、相手は反論ができません。事実に基づいているからです。

反論する理由の2つめは、「**どの人も、自分を正当化したいと思っている**」からです。「頑張っているように見せたい」「人によく思われたい」と思うのが、まともな人間です。

人間は自分に甘い。自己評価の甘い人が正しい。「社員が反論をするのは、人間として当たり前」のことです。だから、事実をきちんと見せる必要があります。

Point **反論されるのが普通なので、事実を先に見せてあげる**

叱る

一流

場合によってはお客さんの前で叱る

普通

「人前」で叱る

三流

「1対1」で叱る

武蔵野での情報伝達は、1対1のやりとりを禁止しています。1対N（複数）が基本です。

同じように、部下の指導も、1対Nが基本です。

1対1は、組織のナレッジになりません。ですから、叱るときは、「みんなの前」「社員が勢ぞろいしている前」で叱ります。

わが社が年2回開催している政策勉強会で、危険運転の回数が多かった「ワースト5」の社員を大々的に発表したことがあります。情けないことに、品田洋介・海老岡修・櫻田和久の3名の課長だった。

社員の失敗は、社長の指導不足が原因

人前で叱る（人前で失敗の事実を公表する）と、「本人」が失敗を自覚し、襟を正すのはもちろんですが、「叱られた社員の上司」への叱責にもつながります。

なぜなら、危険運転を繰り返すのも、社内不倫をするのも、上司の指導が行き届いていなかったからです。部下を正すことができるのは、上司だけ。部下の失敗は、上

司の責任です。

突き詰めると、上司の上司は、社長の「小山昇」ですから、「公衆の面前で社員を叱る」ことは、私が自分の過ちを悔い改める機会でもあります。

「人前で叱ると、部下が『恥をかかされた』と感じてプライドが傷つく。だから、1対1で叱るべき」と考える社長がいますが、そんなことはありません。

部下が「恥をかかされた」と思うのは、社長（叱る側）が、社員（叱られる側）の人間性を否定しているからです。

前項で説明したように、叱っていいのは、「人」ではなく「こと」です。

武蔵野の社員は、叱られても明るい。叱られても前を向いて頑張れるのは、私が、「人前で、ことを叱る」からです（叱るときの表現、セリフ、言い回しは、197ページで紹介する「エマジェネティックス」というツールの分析結果などを考慮して、社員の特性に合わせています）。

必要とあれば、お客様の前でも叱る

私は、「Sランクのお客様（粗利益額が多いお客様）」に対して、表敬訪問（お中元とお歳暮の訪問）を続けています。

社長が自らお中元やお歳暮（胡蝶蘭等）をお届けにあがることで、お客様に感謝の気持ちをお伝えすることができ、お客様の不満に耳を傾け、改善へつなげることで、ライバル会社からお客様を守る（ライバルに奪われないようにする）ことも可能です。30年以上続けていますが、私が表敬訪問した会社の中で、ライバル会社に奪われたお客様は、ゼロです。

私は、お歳暮訪問の最中に、同行している担当店舗の店長を「お客様の目の前」で叱ることがあります。

店長の加藤肇課長（当時）に、「胡蝶蘭を机の上に置いたまま、『どうぞ』と言ってはいけない。手渡しをしなさい」と教えていたが、2回続けて、同じ間違いを犯した。訪問した病院の看護師長から、そこに置いといてと言われて置こうとした。その瞬間、私は、お客様の目の前で、背中を押して注意をしました。受け取った看護師長は喜んで「ありがとう」と言われた。

社長や上司の指示を守るのが、社員の責任です。それなのに加藤が、その責任を怠った。だから私は、見過ごすことができませんでした。

「お客様の前で叱るのは、配慮にかける」と思われるかもしれません。ですが、その逆です。**お客様の前で叱ることは社長のやさしさであり、最上の学習機会である**と私は考えています。

Point 「人前」だからこそ学ぶことがある

叱る

三流
叱ったら人が辞めてしまう

普通
叱って関係がぎくしゃくする

一流
叱って感謝される

前述したように「叱る」対象は、「人」ではなく「こと」でなければなりません。

そして、「こと」を叱るときは、**事実（データ）に基づいて叱ります。**

数年前、わが社に、部下を執拗に追い込むパワハラ上司がいました。放っておけば、部下が離職しかねない。そこで私は、「2つのデータ」を用いて、この上司の間違いを指摘しました。

1つは、適正診断ツール（エナジャイザー）のデータです。

エナジャイザーの診断結果から、「パワハラをする人」には、共通点があることがわかっています。

どのような人がパワハラをするかというと、「能力は高いが、野心がない人」「カーっとなりやすい人」「イヤなことから逃げる人」です。

この上司は、うまくいかないこと、思い通りにならないこと、イヤなことがあると、「努力して乗り越える」のではなく、逃げるのが明らかでした。

もう1つのデータは、本人の過去のデータです。

私は、長年に渡って個人のデータを保存しているので、そのデータを見せながら、次のように言いました。

「人をいじめて嬉しいか？　本当は心が引っかかっているんじゃないか？　今、おまえは心が病んでいるように見える。なんで心が病んでしまったのかわかるか？　それは、今のおまえが輝いていないからだ。

おまえが一番輝いていた時期は、いつだ？（本人が答えた後に）おまえの一番輝いていた時期は、このときだ（と普通は見せないデータを確認させた）。けれど、このときを境におまえは自分を過信して、手を抜くようになった。そして、人に追い越された。人に追い越されたことに腹を立て、その腹いせに部下に当たっているのが今のおまえだ。

エナジャイザーのデータからも、おまえに能力があるのはわかっている。じゃあ聞くが、能力があるのに結果を出さないのは、自分のせいか他人のせいか言ってみろ」

当然、それは自分のせいです。結果が出ないからといって、部下をいじめ、結果的に自分が傷ついている。だから、最後に、私はこの上司にこう伝えました。

「おまえのしたことで、部下は傷ついている。でも、おまえ自身はもっと傷ついてるよね」

それからこの上司は、コロッと変わりました。明るさを取り戻し、パワハラはなくなりました。

「社長は、自分のことをわかってくれている」という安心感が、この上司に自信を取り戻させた。

相手の心の闇を切ってあげる。

これを「叱る」といいます。そこまでできれば、叱っているのに、感謝されるようになります。

パワハラをしたくて会社に入る人はいません。本人にも、「悪いことをしている」という自覚はあります。

けれど、誰かに背中を押してもらわないと、やめられません。

そんなとき、社員の心を救い、背中を押してあげるのが社長の務めです。

Point　悪いことをしているのはみんな気付いている

言うことを聞かない部下に対して

一流	普通	三流
成長を感じる	説得する	怒る

子どもが親の言うことを聞かなくなるのはなぜでしょうか？

答えは、子どもが成長したからです。

同じように社員が社長の言うことを聞かない、部下が上司の言うことを聞かないのは、成長したからです。

こんな単純なことがわかっていない人がたくさんいます。

わかっていて叱る人と、相手をいつも子どもだと思っている人では、叱り方も変わります。

まだ新入社員だと思っていて同じように叱っていたら、相手は「そんなのはわかってる」と思います。言うことをきくわけがありません。

「おまえは入社して3か月経ったから、ここまできている。こういうふうにしないといけない」と、相手の成長を認めた上で、叱らないといけないのです。

成長したから、社員が今までのように言うことをきかなくなるのは、当たり前です。

その成長を認めてあげて、叱らなければなりません。

成長していることを明示して「なんでここにいるんだ。きちんと努力していないんじゃないか」と言えば、ほとんどみんな、「すみませんでした」と言います。

こんな当たり前のことが、多くの上司はできていません。

Point その人のレベルに合った叱り方をする

第3章

打てば響く組織のつくり方

—常勝企業はなぜ飲み会を大事にするのか

職場環境

一流

仕事も、おしゃべりもさせる

普通

仕事だけさせ、おしゃべりは禁止する

三流

「仕事をせず、私語ばかりの人」を野放しにする

コミュニケーションは回数

武蔵野は「普通」の会社ですが、「不通《ふつう》」の会社ではありません。

「不通」とは、通りが悪い。すなわち、コミュニケーションがとれていないことです。

コミュニケーションとは、「情報」と「感情」のやりとりです。情報は「もの」であり、感情は「心」です。

情報にも感情にも、「情《なさけ》」の言葉が入っています。情は、「回数」です。

「愛」とは「関心を持つこと」であり、「関心を持って何回も会う」から「愛情」が芽生えます。そして、「友だちと何回も会う」から「友情」が育まれます。

そして会社には一体感が生まれます。


小学校も、中学校も、「掃除は、黙ってもくもくとするべき」と教えられました。

しかし、我が社の環境整備は「おしゃべりしながらする」のが基本です。

私は環境整備を、従業員同士のコミュニケーションの場としても位置づけています。

従業員に、「環境整備をするときは、手さえ止めなければかまわない。どんどんムダ話をしなさい」と指導しています。

ですから従業員は、他愛もない話をしながら環境整備に勤しんでいます。環境整備は業務時間内に行なわれるから、わが社は、「社員のおしゃべりに対して給料を払っている」ことになります。しかし、それが正しい。なぜなら、**「情は回数で育つ」**からです。

「株式会社サンワ」（美術教材・インテリア雑貨の企画、製造、販売）の霜野武志社長は、「社員の私語を注意しない」ことを心がけています。社内の風通しをよくするためです。

「業務中の私語は、大切なコミュニケーションです。私語をしない人は、仕事の話もしません。だから、普段から『しゃべる癖』を付けてほしい。そう思って、社員がムダ話をしていても、私は一切、注意をしたことがありません。だからやかましいですね、会社の中が。もちろん、手を動かさずに口ばかり動かしている社員を見ると、腹が立つときもありますが、見ないふりをしています（笑）。

社員同士がおしゃべりをすると、社内が明るくなります。銀行の方がお見えになったときは、『活気があっていいですね』と言われますし、会社見学をした就活生は、『社員同士が仲のよい会社』だと評価してくれます。小山さんが、『情は回数』とおっしゃっているように、何気ない会話を重ねることで、社員同士の情が深くなっていく気がします」（霜野武志社長）

コミュニケーションをよくするには、時間と場所を共有する機会を増やして、「何回も、繰り返し、繰り返し、情報（もの）と、感情（心）のやりとりをする」ことが大切です。

Point　「情報」と「感情」のやりとりを増やす

飲み会

三流

飲みに行かない

普通

「外部の人」とお酒を飲むのが好き

一流

「社員（部下）」との飲み会を公式行事にする

なぜ飲み会が公式行事なのか

飲み会の多くは、すべて公式行事です。武蔵野のコミュニティ、風通しのよさはここから生まれてきます。

コミュニケーションは回数ですから、上司と部下の面談は、「半期に1時間」よりも、「毎月10分を6回」やったほうがコミュニケーションはよくなります。また、「飲み会」も、年に1、2回、一緒に飲んだくらいでは親睦は深まらないから、「毎月飲む」のがわが社の基本です。

社長（上司）と部下が一緒にお酒を飲むのは、大事なことです。

「たかが飲み会」と軽んじる人もいるかもしれませんが、少人数の中小企業にとっては、社員の結束が大切です。

飲み会は、結束力や団結力を強くする重要なコミュニケーションツールです。

お酒を飲むと、固定観念が崩れて、人と人の垣根が低くなります。だから社員の本音を聞くことができます。

■　今後の予定がないと精算されない

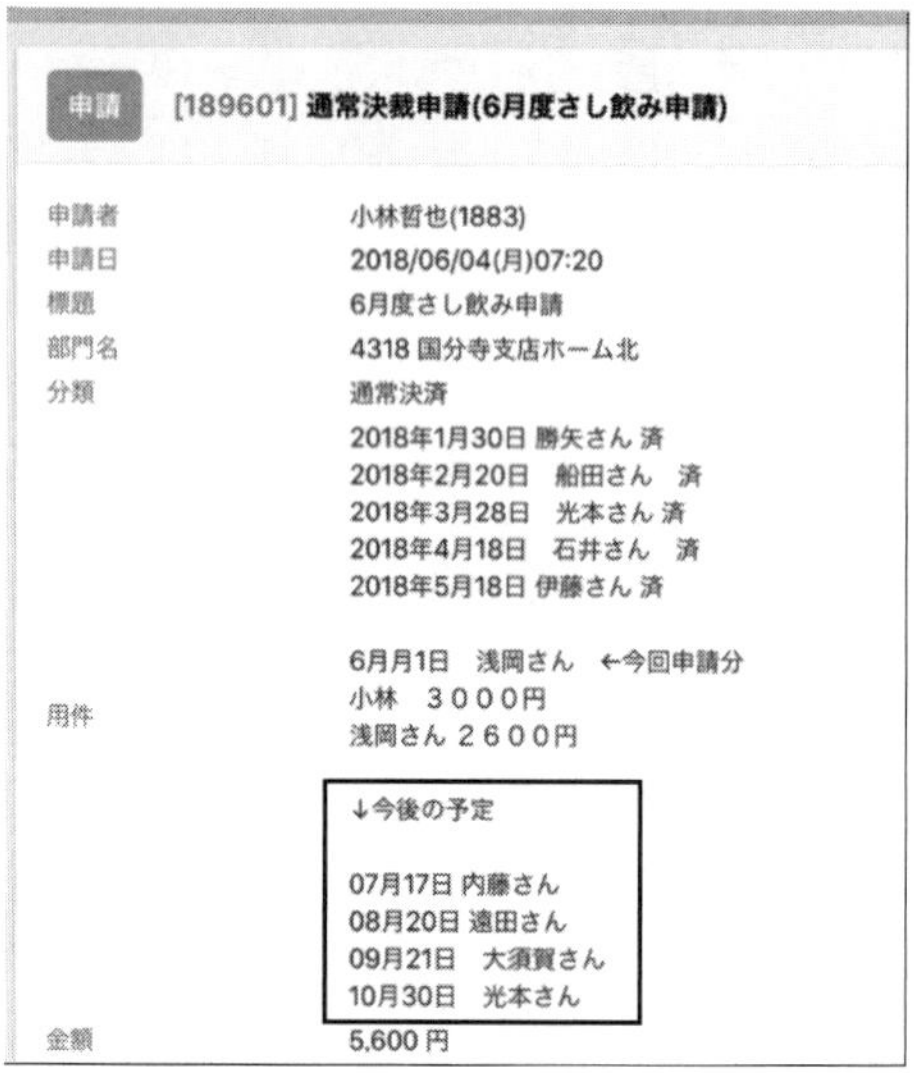

申請　[189601] **通常決裁申請(6月度さし飲み申請)**

申請者	小林哲也(1883)
申請日	2018/06/04(月)07:20
標題	6月度さし飲み申請
部門名	4318 国分寺支店ホーム北
分類	通常決済
用件	2018年1月30日 勝矢さん 済 2018年2月20日　船田さん　済 2018年3月28日　光本さん 済 2018年4月18日　石井さん　済 2018年5月18日 伊藤さん 済 6月月1日　浅岡さん　←今回申請分 小林　３０００円 浅岡さん ２６００円 ↓今後の予定 07月17日 内藤さん 08月20日 遠田さん 09月21日　大須賀さん 10月30日　光本さん
金額	5,600 円

私は、65歳まで社員との「公式な飲み会」だけで、年間66日、実施していました。「公式」は、あらかじめスケジュールを社員全員に公開している飲み会です。「今日、飲みにでも行くか！」という突発的なものは含みません。

懇親会費用の精算は、今後の予定がないと決裁をしません。

中小企業の社長は、積極的に部下と飲み、親密なコミュニケーションをとるべきです。

ところが、業績の悪い会社の社長は、自社の社員とは飲みに行きません。「〇〇会の集まりだ」「社長同士の付き合いだ」と言って、社外の人間ばかりと付き合っている。

コミュニケーションをとらなければならないのは、社外ではなく、「自社の社員」

です。

お酒が飲めない人は、採用しない

新卒採用では、新卒選考の過程で、「武蔵野トリビア」（全10問の質問に「はい」「いいえ」で答えてもらう）にチャレンジしていただきます。会社説明会に参加した学生であれば、とても簡単な質問です。

トリビアの1問目には、次のように書かれてあります。

●トリビア①

飲みニケーション。課長以上毎月2万5000円の飲み会手当がつく。

飲めなくても、もちろん大丈夫！

雰囲気が好きならば！　イッキもコールもありません！

お酒は好きですか？

「はい」「いいえ」

■　武蔵野トリビアの1問目は飲み会の話

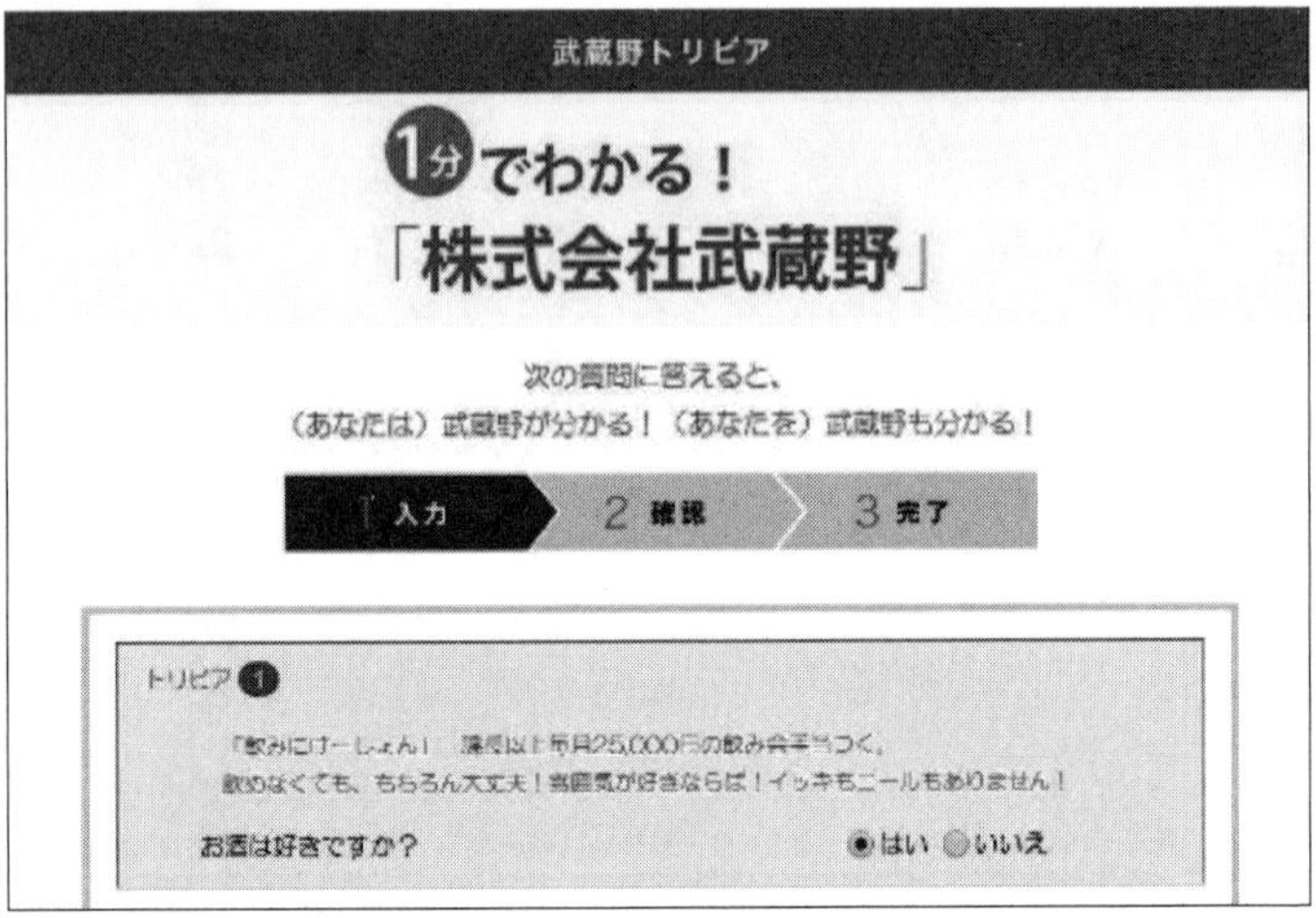

会社の文化を知ってもらう「トリビア」の1問目に「お酒は好きですか？」と質問する会社は、世界中で武蔵野だけだと思います。

会社説明会で、事前に「お酒が飲めない、あるいは、お酒を飲みに行くのは好きじゃない男性は、採用しません」と明言しています。

わが社が「高卒採用」（高卒の新卒採用）を行なわないのは、「未成年はお酒を飲んではいけない」からです。

わが社は、「お酒が飲めること」を重視しています。

なぜなら、「よく飲む人ほど、よく

出世する」からです。私が武蔵野の社長に就任したころの「部長昇格試験」は、「1時間で42度の焼酎1本を2人で空ける」です。しかもロックで（笑）。できれば部長。できなければ昇格見送りでした。

お酒が飲めれば、バカなことも言えて、部下と本音のコミュニケーションがとれる。上司と部下のコミュニケーションがよいと、部下も成長します。

コミュニケーションの原点は、人と人が顔を突き合わせて会話をすることです。飲食は心を和ませ、人はよく話すようになり、情報を多く仕入れることができます。

相互理解が高い人とそうではない人なら、「相互理解が高い人」のほうが仕事において差が出るのは、言うまでもないことです。

Point 飲み会は、会社を強くするコミュニケーションツール

飲み会

三流

飲み会は、社員の自腹と考える

普通

飲み会は、福利厚生費と考える

一流

飲み会は、教育研修費と考える

経営計画書に「飲みニケーション」のルールを明記

武蔵野ほど、社員がよく集まって飲む会社は少ないと思います。とにもかくにも、お酒がある。1か月に10回以上飲みに行くことも、よくある話です。

だから、武蔵野には忘年会がない。毎月末が年末のようなものだから、わざわざ忘年会を開く必要がありません。

多くの社長にとって懇親会の費用は福利厚生費ですが、私の考え方は、「教育研修費」です。武蔵野は、社員に支給する懇親会の費用が、年間約2500万円。わが社の結束力は、お酒代に比例して、強くなっています（笑）。

上司と部下がともに相手のことを学ぶから、社内の雰囲気がよくなる

私は、「飲み会」を教育の一環と考えています。

私たちが、居酒屋、バー、スナックの常連客になるのは「居心地がいい」からです。

では、どうして居心地がいいのですか？

それは、店主とお客様が、お互いに「学習するから」です。

「あのお客様は、このお酒が好きだ」「あのお客様は、よく、こういう話をする」と店主はお客様のことを学ぶ。

一方でお客様は、「このお店には、〇〇というお酒がある」「この店主は、余計なことを聞いてこない」など、店主のことを学ぶ。こうして、ともに、「相手のことをよく知る」から、居心地がいいわけです。

会社も同じです。社内の居心地をよくするには、**上司と部下が「相手のことを学習する」必要がある。その学習の場が、「飲み会」です。**

お酒の飲みすぎは不摂生の原因になるため、武蔵野は、「二次会・三次会をやってはいけない日」を決めています。「三次会をやってはいけない日」に三次会をした場合は、反省文（始末書）を提出する決まりです。

経営計画書に、「コミュニケーションに関する方針」が明記されてあり、「飲みニケーション」への参加をルール化しています。

【武蔵野のおもな飲みニケーション】

①部門の飲み会

……パート・アルバイトを含め行なう。懇親会報告書を経理に提出。未提出者には懇親会費用を支給しない。2回連続未提出者は、始末書を提出。

②部下とのサシ飲み

……上司は毎月、部下とマンツーマンで飲みに行く。ただし、同一人物と2か月連続は不可とする。部下が1人の場合は、3か月に1度とする。

ダスキン事業部の市倉裕二統括本部長は、「サシ飲みがなければ、今の自分はいないと思う」と述べています。

「私は、サシ飲みを通して、2回も上司に救われています。1回目は、営業部からサービスマスター（ハウスクリーニングの部署）課長に異動したあとのサシ飲みです。最初は畑違いの仕事に戸惑ったものの、現場の業務を覚えてからは売上も増えて、1年後には、それなりの評価をいただけるようになりました。ところが、サシ飲みの席で、当時の上司（N）から、思わぬ叱責をもらった。

『数字を出して満足しているかもしれないが、メンバーはおまえのほうを向いていない。このままではみんなにそっぽを向かれて、数字も落ちるだろう。きちんとコミュニケーションをとらないと危険だぞ』

たしかに、その通りでした。私は営業部出身だったので、『数字こそすべて』という発想をしていました。そのせいか、『メンバーがどのような思いで仕事をしているのか』がわかっていなかったのです。

指摘を受けてからは、メンバーの現場に同行して、なるべく一緒にいる時間を増やしました。すると、少しずつコミョニケーションが深くなり、支店の雰囲気も明るくなりました。サシ飲みに誘われていなければ、サービスマスターは崩壊していたでしょう。

2回目は、小金井支店に異動した直後のサシ飲みです。じつは、小金井支店への異動は、納得のいくものではありませんでした。ダスキン事業の店長は、すでに何年も前に経験済みです。しかも他の支店の店長は若手ばかり。いまさら若手と競わなければいけない状況に、正直言って、困惑していました。

そんなとき、当時の上司由井英明統括本部長（当時部長）からサシ飲みに誘われ、こう言われました。

『今、武蔵野では、経営サポート事業部で頑張った社員がダスキン事業に戻るケースが多い。市倉さんもここで踏ん張って、今度は部長になって帰ってくればいいじゃないか』

上司のアドバイスによって、私はモチベーションを取り戻した。

私は上司とのサシ飲みで2回も命拾いしました。世間では飲みニケーションが軽視される傾向にあります。けれど、自分の経験を振り返ると、上司と部下の飲み会は大切です。それを文化として守っている武蔵野は、本当にいい会社だと思います」（市倉裕二）

「中村電設工業株式会社」（一般電気設備工事、情報通信設備工事）の中村康宏社長も、

「サシ飲みをはじめたら、社員との距離が一気に縮まった」と実感しています。

「創業者である先代社長が病気になったのを機に私が引き継いだが、それまではまったく畑が違うところ（違う業界）にいたんです。ですから、この会社に入って最初の1年間は、毎日胃が痛かったですね。どうやって会社を経営していいのか、まったくわからなくて。

小山さんに『どうしたらいいですか?』と相談したら、『中村さんが会社のことをわからないように、社員のみんなも中村さんのことがわからない。だったら、飲むしかない』と言われまして、週に1人ずつ、『サシ飲み』をしたんです。

サシ飲みをすると、社員が普段、何を考えているのかがわかります。勤務時間中では聞けないような、個人的な悩みを知ることもできるので、社員の人となりがよくわかる。

一方で社員も、『今度の社長は、こういうことを考えているのか』ということがわかるようになり、一気に距離が縮まった気がします。今後は、武蔵野さんにご指導いただきながら、グループ懇親会なども取り入れていく予定です」（中村康宏社長）

「株式会社コプロス」（建設）の宮﨑薫社長も、積極的にサシ飲みを行ない、社員に対する理解を深めています。

「弊社は京都に支店があります。毎月、環境整備点検のために京都に出張をしていますが、このとき、本社（山口県下関）から幹部社員を1人同行させ、サシ飲みをしています。前日入りして、先斗町のすき焼き屋さんに行くのが通例です。すき焼き効果は、抜群ですね。社員は花街など経験したことがありませんから、口が滑らかになって、いろいろなことをしゃべってくれます（笑）。

よく、他の社長さんから『話題につまることはありませんか？』と聞かれるが、話題につまることはありません。子どものこと、奥さん、家族のことなど、話しやすい話題から入るようにしていますし、小山さんに倣《なら》って社員の情報をメモしているので、『娘さんの結婚はどうなった？』など、メモの内容をネタにしています。

小山さんの著書、『仕事のできる人の心得』（CCCメディアハウス）の中に、『愛とは関心を持つこと』と書いてありますが、たしかに、社長が社員に関心を持つようになると、社員も心を開いてくれるようになります。サシ飲みをすると社員のプライベートのこと、それから仕事に対する考え方などを知ることができるし、反対に、社長の考えを社員に知ってもらうことができるので、信頼関係がつくりやすいですね。今、サシ飲みは月に2回ですが、今後は、サシ飲み月3回にしようと思っています」(宮崎薫社長)

③社長と食事会

……幹事は課長の立候補制で、社長が決定する。幹事は全社員に告知し、公募にて4人選ぶ。当日まで社長に参加者を教えてはいけない。

高倍率の中から勝ち抜いた有志と幹事が、私と食事を楽しむ会です。

のちほどご紹介しますが、この会の参加者は社長になんでも質問していいことになっています。

「社長と食事会」では、1人5000円の会費を取っていますが、会費は、二次会の費用にあてます。一次会の費用は、私のポケットマネーです(私は一次会で帰ります)。

■ 社長と食事会

http://www.musashino.co.jp/wp/released_structure/fd

一次会が終わるころになると、5人はすでにいい気分で酔っ払っているので、「自分が払った5000円が二次会の費用に使われている」ことに気がつきません。

「小山さんが二次会の費用を出してくれた。パークハイアットの『ピーク・バー』で飲めるなんてサイコーだ！」と上機嫌になります（笑）。

④グループ懇親会

……役員・統括本部長と幹部の交流の場である。事業部ごとに、10人前後（課長職以上とそのとき頑張っている社員とパートタイマー・アルバイトから1〜2名）が参加。

⑤社長への質問会

幹部は年に1回参加できます。社長は、食事はしません（できません）。質問に答えるだけで精一杯だからです。

仕事はもちろん、子育てなどのプライベートの質問もあります。

⑥夢の共有

……管理職は半期に1回、異動アンケート回答などを肴に社員とサシ飲みを行なう。

「夢の共有」では、部門の異なる幹部と一般社員でサシ飲みが義務付けられています。他の部門のベテラン幹部が夢を語ると、一般社員のモチベーションアップにつながります。

さらに直属の上司だと話せないことも、評価にかかわらない別の部署の上司だとなんでも話せる。時には「本当は辞めたいと思っている」という話も出て、それを事前に食い止めることもできます。

なお、この組み合わせは、毎回変わります。初対面で最初は緊張する人もいるが、10分もあればお酒も入って、打ち解ける人がほとんどです。

⑦頑張ったアルバイト懇親会

年に2回、パート・アルバイト（上司が人選）と社長が食事をする懇親会。

少人数制で、パートからのあらゆる質問に私が答える会です。みんな最初は緊張していますが、10分もすると、打ち解けてきて何でも話すようになり、最後は、「楽しかった」と笑顔で帰っていきます。『儲かりたいならパート社員を武器にしなさい』（KKベストセラーズ）の222ページで詳しく解説しています。

Point　お互いの人となりを知る場所を強制的につくる

飲み会

三流

飲み会では、自分だけ話したがる

普通

飲み会では、お説教をしたがる

一流

飲み会では、参加者全員に話をさせる

飲み会を楽しくするルール

普通の会社の飲み会が楽しくない理由は、おもに2つあります。

1つは、「職責上位の社員から話をはじめること」です。職責上位の話は、どうしても「お説教」になりがちで、部下は、適当に相槌を打つだけです。

2つめの理由は、「座る場所(席)」を自由にしていること」です。好きな場所に座らせると、親しい者同士が固まりやすい。これだと、輪の中に入れない社員は、いつも疎外感を覚えます。

そこで飲み会を楽しくするために、次のルールを決めています。

ルール1　席はくじ引きで決める

社長の前に座ることになっても、誰も文句はいえません。

ルール2　飲み会の最初に参加者全員がスピーチする

ホテルの宿泊手続きを「チェックイン」といいますが、グループ懇親会でも、参加者が最初に行なうのは、「チェックイン」と呼ばれるスピーチです。

持ち時間は、1人1分程度。話す内容は、「自慢話」です。仕事の自慢でもプライベートの自慢でも構いません（私が開催していたときは、「誰が何を話したか」をメモして、全員の話が終わった後にひと言ずつ、コメントをした）。

持ち時間を超えると、1分につき1000円の寄付金（社員旅行や懇親会の費用）を支払うルールですが、そのことを承知の上で、あえて時間を超過する優秀な幹部もいます。彼らは、寄付金を支払ってまで、「オレの部下はこんなに頑張っている」と部下自慢をする。

私は、「部下の自慢話」を覚えておいて、後日、「この間の飲み会で、○○がおまえのことをほめていたよ」と部下の自宅にサンクスカードを送ります。

人は、直接ほめられるよりも、第三者を通じて間接的にほめられたほうが、嬉しいものです。部下は、「○○さんがオレのことをほめてくれた。しかも小山さんの前で。よし、これからも頑張ろう」と思うでしょう。

「飲み会」の最後は「チェックアウト」。30秒間ずつ、「今日の飲み会の感想」を言い合います。

そして「チェックアウト」のあとに「じゃんけん大会」（勝てば賞金3000円）をして、飲み会は終わりです。

ルール3　参加費はタダにしない

グループ懇親会の費用は、私が全額を出します。会計のときに、役員・統括本部長が幹事にお金を渡して、お店から領収書名を小山昇と書いてもらう。このほうが社員にとってもありがたみが感じられます。

ただし、参加費をタダにしてはいけません。

500円でも1000円でも出して参加しているから楽しい。少しでもお金を払っていれば、「追加料金」を支払いたくない気持ちが働くので、エスカレートしにくくなります。

なおくれぐれも、社長は二次会に行ってはいけません。

ルール4　飲み会は計画的に

サシ飲みでかかる費用については、会社から出す額の最低額と最高額が決められており、稟議をはかった後、支給されます。

次のサシ飲みの予定が入っていないと、稟議が通りません。（158ページ参照）。つまり、会社が負担するのは、計画的な飲み会だけ。これは大事なことです。

急に「飲みに行くぞ」と上司から言われれば、多くの人は少し無理をしても参加してしまうでしょう。

でも、その日ちょうど子どもの誕生日で「早く帰る」と約束していた場合、家族の信頼を失います。そうでなくても、家庭がある人は行きづらいので、メンバーが固定化されて、不公平が生じてしまう。すると気の合う人とだけ付き合うようになり、かえってコミュニケーションが悪くなる。
だからサシ飲みなら、部下全員と公平に行き、パートの場合はサシランチに出かけます。

Point　社長・上司がよくしゃべる飲み会ほど、みんなしらける

職場の風通し

三流	普通	一流
現場の情報には無頓着	現場からの報告を待つ	上から情報を取りにいく

情報は、上司から取りにいく

会社の指示・命令は、上から下へ（上司から部下へ）向かって流れていくから、「情報も自動的に上がってくる」と思い違いをしています。「都合の悪い報告」はしない社員がまともです。

したがって、情報は、上司のほうから取りにいく（部下に話を聞きに行く）のが正しい。それをせずに、「なんで報告しないんだ！」と怒鳴ってもムダです。

「株式会社サンエイエコホーム」（太陽光発電システム、オール電化、小型風力発電の設計・販売・施工）の武中進社長も「下からの報告を待つのではなく、上から情報を取りにいくようにしたところ、コミュニケーションがよくなった」と感じています。

「小山さんの指導を受けてから、定期的に、上司と部下の面談を実施しています。面談は、『5分間、社長（上司）は部下の話を聞く』ルールを設けているが、わずか5

分聞くだけでも、社員のストレスが軽くなったり、コミュニケーションがよくなることを実感しています。

また、報告は待っていても上がってこないから、チャットワーク（ビジネスチャットツール）の報告も習慣化しています。

当社は以前から、横のつながりが希薄で、部署ごとの連携が弱い面がありました。ですが最近では、足並みが揃ってきた印象です。情報の共有化も進んでいます」（武中進社長）

速く正しく、情報を社長に届ける

今から25年ほど前に、航空自衛隊・府中基地の幹部自衛官から、「自衛隊には、危機管理のため、情報の入手経路が2系統ある」と教えてもらったことがあります。

2系統あれば、どちらかが遮断されても情報が滞ることはありません。また、情報の真偽をたしかめることもできます。両方から同じ情報が届けば、その情報は「正しい」ことがわかります。

じつは武蔵野でも、当時から、自衛隊と同じことをしていました。「メール」と「ボイスメール（音声データをメールにのせて送信するサービス）」の2つのツールを別々のキャリアのツールで利用していたのは、危機管理のためです。

また、以前は、停電に備え、本社の入り口に公衆電話を設置していました。停電すると社内の電話は使えないが、公衆電話は停電時でも電話をかけることができるからです。

武蔵野は現在、アナログとデジタルの両方を使い分けながら、速く正しく、情報が社長（幹部）に届くしくみが構築されています。

情報収集の方法が多いほど、情報漏れは少ない

普通の会社は、情報を吸い上げる方法が1つしかありません。

しかしわが社では、日報、ボイスメール、朝のお迎え報告、現場同行、懇親会（飲み会）など、情報収集の方法が数多くあります。したがって、情報の漏れが少ないの

です。

・朝のお迎え報告

わが社の幹部は、毎朝6時20分にタクシーを拾って、持ち回りで私を迎えにきます。自宅から会社までの所要時間は、約30分。この時間は、私にとって欠かせない情報収集の時間です。

幹部は会社に到着するまで、「部下の情報」「お客様の情報」「ライバルの情報」を報告する決まりです。

私はずっと聴きっぱなし。口を挟むことはありません。三流は、すぐに「こうしろ、ああしろ」と口を出します。ですが、自分が話をしているかぎり、情報は入ってきません。

「口」が1つで「耳」が2つなのは、「話すことの倍聞け」という意味です。

世間の人に「小山昇は、ベラベラしゃべるのが好き」と思われていますが、そんなことはありません。聞いている時間のほうがずっと長い。

報告の中で私が重視しているのは、「数字」と「固有名詞」です。

「お客様から何度もクレームの電話があった」

という報告と、

「株式会社First Dropの平尾謙太郎社長から二度、クレームの電話があった」

という報告では、後者のほうが、数字と固有名詞が具体的であるため、「現場の真実」を理解することができます。

・会議

武蔵野は、「支店レビュー」「店長会議」「進捗会議」「部門長会議」「リーダー会議」といった会議を定期的に開催しています。

わが社の会議は、すべて、同一のフォーマット（デジタル化した報告書）に基づいて行なわれています。

経営判断に必要な「5つの情報」（ア〜オ）を職責下位から報告するのが決まりです。

この5つを満たさないものは、情報としての価値は低い。

【５つの情報の報告の順番】

（ア）数字（実績報告）

……誰が、何を、どれだけ売り上げたか。どの部門がどれだけの黒字（赤字）を計上しているか。売上、粗利益、営業利益、新規件数、解約件数など

（イ）お客様からの声

……お客様にほめられたこと、叱られたこと。とくに、お客様からのクレームを集めるのが重要

（ウ）ライバル情報

……どんなライバルが、どういう体制で、どういう営業攻勢をしかけているのか

（エ）本部・ビジネスパートナー、市場の情報

……仕入れ先や取引先などの情報

（オ）自分・スタッフの考え

……お客様やライバル会社の動向を踏まえていない「自分の考え」は、ほとんど役に立たない。したがって、自分の意見を述べるのは最後

口頭だけで報告をすると、2つのデメリットが生じます。

1つは、職責上位の人と地声が大きい人に場が支配されてしまうこと。声が小さかったり、性格的に遠慮がちな人の意見は、黙殺されやすくなります。

もう1つは、話がズレやすいことです。論旨が違う方向に行ってしまい、本来の主旨や目的を見失う結果になります。

したがって「口頭での報告」と、「デジタル化した報告書」の両方を使っています。

会議のしくみは『儲ける社長のPDCAのまわし方』(KADOKAWA)の第3章を参照してください。

Point 現場の情報を正しく速く吸い上げる

誰を戦力にするか

一流	普通	三流
価値観が揃っている社員	能力のある社員	身勝手な社員

社長の仕事は、自分のコピーをつくること

「組織の一員になる」は、「一体感を持つ」ことです。「同じ文化を持つ」ことです。

一体感のある組織は、強い。なぜなら、「トップの方針を素直に実行できる」からです。

幹部社員が「社長は身勝手すぎる！」と反発してきたら、私なら、こう言います。

「あなたは、私のことをダメ社長だと思っているが、ダメ社長がいるこの会社を選んだあなたも、ダメ社員だ。私のやることや決定の内容に納得できないのなら、すぐに辞めて他社に行きなさい」

いくら頭がよくて能力が高くても、社長の方針に従えない人は、結果として戦力になりません。能力のある社員を集めても、価値観が揃っていなければ、組織はバラバラになる。

一方で、価値観が揃っていれば、同じ優先順位で行動できるため、少しくらい能力が劣っていても、急な変化に対応できます。

学習塾は、先生のレベルが均一でないと、保護者や生徒から満足を得られません。同様に、わが社も、お客様の問い合わせに対して、誰もが均一な返答をできなければ「武蔵野ブランド」を確立できない。つまり、強い組織をつくるには「均一であること」＝「全員が同じ価値観を持つこと」が不可欠です。

武蔵野が、「経営計画発表会」「政策勉強会」「環境整備」「早朝勉強会」「バスウォッチング」「オリエンテーション」「全社員勉強会」「実行計画書アセスメント」など「組織的価値観共有」のための取り組みに注力しているのは、極端な言い方をすれば、「社長のコピーをつくる」ためです。

社長のコピーをつくればつくるほど、社員は「もし自分が社長なら、この状況をどのように考えたらいいか」を自ら判断して行動でき、社長の決定が速やかに実行されます。わが社が今日あるのは、組織が小さかった段階で、価値観を共有する作業を何度も繰り返し行なってきたからです。

社員から、「社長、また同じことを言っている」と言われるようになったら超一流です。毎回新しいことを教えても会社の文化にはならない。

強い組織＝価値観が揃っている組織

「株式会社後藤組」（建設）の後藤茂之社長は、「強い組織とは、価値観が揃っている組織である」と考え、価値観教育に注力しています。

「人は変化を嫌うので、新しいことをはじめようとすると、辞めていく人が必ずいます。すると、社員に辞められるのが怖くて、ほとんどの社長が現状に留まろうとする。けれど私は、価値観が合わない人が辞めていくのは、ある程度、しかたがないことだと思っています。なぜなら、『価値観が合わない人が辞めていく』ことは、『価値観が合う人だけが残る』ということだからです。

社長にとって、『社員に辞められること』ほど辛いことはありません。社員が辞めていくとき、私の心は折れそうになる。社長の全人格を否定されているくらい、きついことです。それは、小山さんも同じだと思います。

会社が何かをやろうとすれば、必ず、反対意見が出ます。社員と社長の間に摩擦が起きます。当社は、『夕方勉強会』を開催しています。あの勉強会も、『摩擦』を生み出しています。勉強会で私がしゃべればしゃべるほど、社員の気持ちの中に『社長の考えと自分の考えは違う』といったすれ違いを生む可能性があるからです。

一般的に、『社長をしている人は、話すのが好き』だと思われているようです。私も社員から「社長はおしゃべり」だと思われていますが、本音を言えば、苦痛でしかない（笑）。しゃべらないほうがラクに決まっています。黙っていたら、波風が立たないからです。でも、波風を起こす結果になっても、価値観を揃えるために、伝えなければいけないことがあるのです。

当社も、価値観を揃えるために、経営計画書をつくったり、社員教育にも力を入れていますが、それでも、辞めていく人はいます。組織は、『人が辞める』という代償をともないながら強くなっていくのだと思います」（後藤茂之社長）

価値観を揃えるには、「時間と場所」を共有する

「株式会社北斗型枠製作所」（コンクリート二次製品用鋼製型枠専門メーカー）の遠

藤正成社長は、「全社員の価値観を揃えるには、社長と社員が時間と場所を共有することが大切」だと話しています。

「最初は、社長の私だけが『実践経営塾』（武蔵野の経営セミナー）に参加して勉強をしていましたが、現在は幹部も、『実践幹部塾』を受講しています。

幹部塾に通う前は、社員の中に抵抗勢力もいて、『どうして環境整備（整理整頓活動）なんかしなければいけないのか』と不平不満を口にしていました。ですが、現在は、幹部社員のほうから、『社長、やっぱり、環境整備をしないとまずいですよね』『社長の言っていることがようやくわかりました』と、能動的な発言をするようになり、動きが明らかに変わってきました。

小山社長は、『時間と場所を共有しなければ、価値観は揃わない』とおっしゃっていますが、まさしくその通りです」（遠藤正成社長）

価値観が揃うと、動き方が変わる

「ベラジオコーポレーション株式会社」（パチンコホールチェーン、カジノの運営）の吉田拓明社長は「環境整備を導入したことで、基準やルールが明確になって、社員の価値観が揃いはじめている」と感じています。

毎朝30分間、社員全員で、計画に従って整理整頓（掃除）をします。チェックリストにより全員の担当（どこを掃除するか）が決まっており、その部分を徹底的にピカピカに磨き込みます。

上司も部下も、ベテランも新人も分け隔てなく「社員全員で同じことをする」ため、価値観が揃いやすくなります。

「当社には、事務所が19か所ありますが、基準やルールがなかったので、やり方がすべてバラバラでしたし、価値観も揃っていませんでした。

ところが、環境整備を取り入れてからは、会社が大きく変化しています。環境整備は、『誰が、どこを、どのようにやる』かが明確で、基準があります。また、環境整備点数の点数が悪ければ、『どうして点数が悪かったのか』『どうすれば点数がよくなるのか』を考えるようになるため、改善が進みます。

最近では、点数が悪かった店舗の店長を環境整備点検に同行させています。そうすると、自分の店舗と、よい点数の店舗の違いが明らかになりますし、成功事例を横展開することが可能です。

環境整備をはじめる前は、『何を、どう頑張ればいいのか』があいまいになっていました。ですが今では、『頑張り方』の基準が具体的になっているため、社員も動きやすくなったと思います」(吉田拓明社長)

Point 能力より価値観

相手を知る

三流

社員と一緒にキャバクラでハメを外す

普通

社員をキャバクラに連れていくのは不謹慎だと思う

一流

社員の特性を知るために、キャバクラに連れていく

相手の特性がわかると、動かし方もわかる

武蔵野は、個々人の特性を正確に把握するために、「エマジェネティックス」という分析ツールを導入しています。

エマジェネティックスは、その人の特性を「4つの思考特性」と「3つの行動特性」の組み合わせによって理解するツールです。

エマジェネティックスを導入すると、「なぜ、ミスコミュニケーションが起きるのか」「どうすれば、部下に思い通りに仕事を進めてもらえるのか」「どんなコミュニケーションのとり方をすれば強いチームがつくれるのか」などが視覚的にわかるため、コミュニケーションの円滑化と、人材の適切な配置が可能になります（エマジェネティックスの詳細は、拙著『チームの生産性を最大化するエマジェネティックス』〈あさ出版〉を参照してください）。

こうした分析ツールを使わなくても、普段から社員をよく観察していれば、その人の特性をうかがい知ることが可能です。

社員が書類の束をシュレッダーで裁断するとき、「最初から最後まで、1枚ずつ、淡々と、同じペースで裁断する社員」もいれば、「早く終わらせようとして、何枚もまとめて紙を流し込んで詰まらせる社員」もいます。

前者（淡々と、同じペースで裁断する社員）は、「与えられた仕事を、確実に、着実に、根気強くこなす」タイプだとわかります。

反対に後者（何枚もまとめて紙を流し込もうとする社員）は飽き性で、同じ作業を長時間続けることに苦痛を感じやすい。効率を重視して、無駄を嫌うタイプです。

お酒の飲み方で、特性がわかる

「お酒の飲み方」にも、その人の特性があらわれます。私が、社員をキャバクラに連れていったのは、夜遊びをしたいからではありません。店内での立ち居振る舞いを見れば、社員の人となりが判断できるからです。ふかふかのソファや豪華な調度品、洗練された接客にも臆することがない社員は、「積極的」だとわかります。

社員には、「キャストに、名刺を渡してはいけない」「メールアドレスを交換してはいけない」「電話番号を教えてはいけない」と釘をさしています。ところが、わが社の社員は、酒色《しゅしょく》の誘惑に抗うことができない。私の目を盗んで、こっそりメモや名刺を渡してしまう。

彼らは、「内緒にしておいてね」とキャストに口止めをしますが、私には筒抜けです。そもそも私がキャストを集めて、「うちの社員から連絡先を聞き出したら、1件につき3000円払うよ。だから頑張って」と頼んでおいたからです。

キャストの誘惑に撃沈した社員は、高い守秘義務が課せられる仕事（経理や個人情報を預かる部門）を任せることはできない。したがって、守秘義務がそれほど重要視されない仕事を与え、成果を出させます。一方、最後まで誘惑に負けなかった社員は、口が固い（守秘義務を漏らさない）ので、経理を任せても大丈夫です。

かつて、こんなことがありました。経営サポート事業部（当時ダスキン第三支店、社員）の上野朝之《ともゆき》本部長はもともと下戸《げこ》で、一次会では、乾杯時のビールにちょっと口を付けただけ。ところが、二次会では、「1合8000円」という高級凍結酒をグイグイ飲み干し、「おかわり」と言った。そればかりか彼は、次の店でヘネシー（最高級コニャック）を何杯も飲んだ。

私はあきれつつも、感心しました。上野にとっては、「お酒に弱い」という心配よりも、「1合8000円の凍結酒ってどんな味だろう?」「高級酒で知られるヘネシーってどうだろう?」という好奇心が勝っていたからです。

このことから上野は、「チャレンジ精神旺盛である」と解釈できます。その後の人事異動で、私は上野を「店長」に抜擢。私の予想通り、彼は持ち前のチャレンジ精神を発揮して、大きな成果を残しました。

人にはそれぞれ適性や性格があります。各自の特性を見極め、ふさわしい指示を与えれば、社員は存分に力を発揮します。

Point 行動から特性はつかめる

第4章

「人が残る組織」のつくり方

採用

三流

人は「辞めない」と思っている

普通

人が辞めても、「次がいる」と思っている

一流

人が辞めたら、「次はいない」と思っている

これからの時代は、「人を大切にする会社」が生き残る

これまでは、人が辞めても、新しい人をすぐに採用することができました。でも、これからは違います。その人が辞めたら、次はいません。

この流れは、2014年からはじまったと思います。

政府は消費税増税（2014年4月）以降、国債を買い戻し、そのお金が市場に流れ出たことで、株価が上向きました。

また、増税したことで公共投資が増え、公共事業を中心に雇用も増えています。

ところが、仕事は増えているのに人手が足りません。人手不足を招いた原因は、2つあります。

①新生児の数より、亡くなる人の数が増え、人口が減少している

②最低賃金の上昇にともなって就職先の選択肢が増え、売り手市場になった

増税を境にして、「辞めても次の人がいる時代」から「辞めたら次がいない時代」へと変わりました。

社員が辞める。募集をかける。けれど人が集まらない。人が集まらないから、残った人たちの負担が増えて、組織が疲弊する。疲れ果てた社員がまた辞める……。

この負のスパイラルの行き着く先は、倒産です。

日本政府の金融政策の結果、株価はたしかに上がっています。けれど、実体経済はともなっていません。金融政策だけで株価が急上昇するのはバブル以外の何ものでもなく、それで「経済が回復した」と考えることはできません。

日本の中小企業は、相変わらず、厳しい状況に立たされている。しかし、「実体経済がよくならないから」「業界全体が右肩下がりだから」と外的要因を言い訳にする社長の結末は、マーケットからの退場（＝倒産）しかありません。

「景気の回復は期待できない」ことを承知の上で、それでも社長は、強い会社をつくっていかなければならない。

では、どうすれば、外的要因に左右されない会社をつくれるのでしょうか。

それは、「人が辞めないしくみ」をつくることです。

消費税が上がるまでは、「営業戦略が巧みな会社」や、「販売力のある会社」が伸びていました。しかし、これからの時代は、「人を大切にする会社」が生き残ると私は考えています。

Point 営業戦略より、人材戦略

辞めたいと言われたとき

三流

辞めたいと言われて「なんで？」と驚く

普通

辞めたいと言われてから、説得する

一流

「辞めたい」ときに相談できる人をつくっておく

わが社は、少しでも社員の動きに元気がないときは、「辞めたい」と言われる前に手を打ちます。

社員の動きをいち早く察知できるのは、面談や飲み会などを頻繁に行ない、社員の動向や心の状態、仕事に対する意欲などに気を配っているからです。

「なぜ、やる気が出ないのか」「なぜ、成績が落ちたのか」「今、何に困っているのか」を把握できれば、解決方法が見つかります。「人事異動させる」「上司を変える」など、事前に、素早く対処することが可能です。

ところが多くの会社は、社員に、「無関心」です。

社員の離職・退職を未然に防ぐには、「社員に関心を持つ」ことが大前提です。

あるとき、キャンペーンでトップの成績を上げている第三支店宇野謙志朗が、「会社を辞めようと思っている」ことがわかりました。

宇野に期待していた私は、どうすれば引き止めることができるかの対策を上司の岡本勇輝課長と五十嵐善久部長に指示した。そして、環境整備点検時に宇野と交際している佐藤ゆうりに説得役にまわってもらうことにしました。

私は、佐藤に次のように依頼しました。

「佐藤から『小山さんは、あなたに期待している』と言え。もし、それでも宇野の気持ちが変わらなければ、『武蔵野を辞めたら、あなたと別れる』と言え」

佐藤は「嫌です……」と渋りましたが、私が「言うのはタダ。もし宇野が武蔵野に残ることになったら、それは佐藤の手柄だから、焼肉をごちそうしてあげる」と言うと、佐藤は宇野を渋々と説得。宇野は武蔵野に残ることを決め、あらたな気持ちで仕事に臨み、55期下期S評価をとり、念願の採用課長に昇進した。

宇野は、「彼女と別れたくない」との不純な動機で武蔵野に残ることを決めたのかもしれません。でもそれだけではなく、社長や上司が「自分に関心を持ってくれている」「自分のことを見てくれている」と実感があったから、残ることを決めたと私は思います。


「人を動かす」には、「相手をよく見ること」です。「関心を持って、接すること」です。

どんなにかっこいい言葉で社員を説得しても、社員を見ていなければ、相手の心には届きません。ウソを言えば、誰だってわかります。

美辞麗句で引っ掛かる社員もいるでしょうが、1万人に1人くらいでしょう。

「お世話係」をつける

「見ている人をつくる」という点では、「お世話係」の仕組みがあります。

普通の会社の課長は、多くの部下を抱えていて、新入社員にかまっている時間は少ししかない。

そこで武蔵野は、新卒・中途社員と職場が変わった社員の一人ひとりに「お世話係」をつけています。お世話係は、社員にとって「自分専用の保護者」の存在です。

お世話係は、2年目社員の仕事です。

武蔵野の教育は「習うより、慣れろ」「実務が先、理論があと」です。

したがって、入社1か月で、羽がまだ生えていない新人にいきなり巣立ちをさせます。

ですが羽が生えていないから、当然、落下する。落下したひな鳥を見守るのが、お世話係です。新人社員の悩みや不安を聞いたり、仕事の進め方を教えます。

2年目社員は、1年前に「同じ体験」をしているので、自分の身に置き換えながら、的確に教える力があります。


お世話係になった社員（パート・アルバイト・外交員のときもある）には、2万円の手当がつきます。手当の多くは、「新人を飲みに連れて行かせるため」です。

「職場の外」で、自分と立場の似ている2年目社員に、話せる場がある。上司には弱音を吐けなくても、お世話係の先輩社員になら、「もうムリです。明日はもう会社に行きません」と、愚痴を吐き出すことができます。


1年生社員の中には、「この会社は自分に合わないかもしれない」と悩んだときに、社内の先輩や上司ではなく、大学時代の同級生に相談することがあります。

すると、同級生の多くは、無責任に、「そんな会社、辞めたほうがいいよ」と発言します。1年生社員は「辞めたい」という自分の思いを正当化された気になって、離職してしまう。

ですが、1年生社員とお世話係との間で信頼関係が築けていれば、1年生社員は、自分の悩みを真っ先にお世話係に話すようになる。お世話係は、1年生社員の悩みをじっくり聞いてあげることができ、時に自分も辞めたいと思っていたと体験談を話してあげると、離職を思いとどまらせることができます。

仕事の面倒を見るインストラクター制度

また、仕事の面では「インストラクター制度」を設けています。インストラクター制度は、入社3年目社員が新人の指導を行なう制度です。新卒社員と一緒に現場に出て、仕事のやり方を教えます。

新入社員の教育は「部署ごとの先輩がOJT(オン・ザ・ジョブ・トレーニング：職場で実務をさせるトレーニング)をする」のが一般的です。ですが、それだと指導する先輩の実力によって、教え方に差が出てしまいます。

そこで、武蔵野は、指導する社員のレベルがバラつかないように「インストラクター制度」を設けています。

3年目社員は新卒社員と、年齢やキャリアが近い分、新人の悩みが理解できます。ベテラン社員に新卒社員の指導を任せると、「これくらいは、わかっているのが当然」と思い込み、指導が一方的になってしまいます。

以前、こんなことがありました。

私（小山）が、新人をともなってお客様訪問をしたときのことです。

あるビルの玄関に、ライバル会社の足ふきマットが敷かれていたので、私は新人社員に、

「あそこにある玄関マットをめくってきなさい」

と命じました。

すると、彼は玄関まで走っていき、マットを文字どおり「めくった」のです。

私はこのとき、腰が砕けそうになりました。なぜなら、わが社では、「めくる」＝「ライバルからお客様を奪う」の意味だからです。

「めくる」は日常的に使う用語で、私は「言葉の意味を知っている」前提で話しかけ

たが、そうではなかった。悪いのは、用語を知らなかった新人ではなく、「それくらい知っていて当たり前」と決めつけていた私です。

このときの経験から、私は、「入社10年、20年のベテランと新人とではレベルは違うし、話す言葉も違う。人材教育の先生としてふさわしいのは、新人より少しだけ経験のある社員である」ことに気がついた。

キャンペーンに入れる

武蔵野は、「5月病」にかかって会社を辞める新卒社員はいません。

入社後、ダスキン事業部に配属された新卒社員は、4月中旬から約2か月間、「ダスキン販促キャンペーン」に参加します。

このキャンペーンの期間中に辞めた新卒社員は、過去に1人もいません。なぜ辞めないのか、ダスキンキャンペーンは、支店対抗の「チーム戦」です。

キャンペーン期間中、最も多く売り上げた支店には、部門賞として金一封が渡され、表彰も行ないます。

キャンペーンで表彰されるには、ベテランも新人も一緒になって「チーム」で結果を上げなければなりません。人間は、「みんなで同じ目標に向かっているとき」に、自分だけ離脱しようとは思わないものです。

高校野球もそう。選手が一丸となって甲子園予選を戦っている最中に、自分だけ「退部したい」とは切り出しにくい。チームワークが乱れるからです。

キャンペーンで表彰されれば、達成感を覚え、「嬉しい」から次も頑張る。キャンペーンの結果が悪ければ、「悔しい」から次こそはと頑張る。どちらにせよ、「頑張りたくなる」のが武蔵野のしくみです。

Point 辞めたいことも話せる人が社内にいれば、退職者は出ない

新入社員に

三流
「結果を出してくれる」と確信している

普通
「期待しています」と言う

一流
「まったく期待していません」と言う

新入社員の仕事は、成績を上げることではなく、「失敗」すること

入社式は、経営サポートパートナー会員企業の新入社員と合同で行ないます（合同入社式）。２０１８年度の合同入社式で、私は、総勢１００人の新入社員に向かって、次のように言い切りました。

「新入社員のみなさんには、まったく期待していません！」

多くの会社の社長は、入社式で、「新入社員のみなさんに期待しています」と挨拶をします。しかし私は、新入社員には、まったく期待していません。

なぜ、期待しないのか。武蔵野は、新入社員に期待しなければいけないほど、ひどい会社でも、業績が悪い会社でもないからです。

私が新入社員にやってほしいと思っているのは、

「どんなことにも前向きに取り組んで、その結果失敗して、会社に迷惑をかける」

ことです。つまり、「失敗の体験を増やす」ことです。
大学を卒業して、社会人となり、仕事をする。すると、経験がないから失敗をする。そして、「なぜ失敗したのか、どうすれば次はうまくいのか」を考え、改善する。こうして人は成長します。

どの人も、最初は何もできません。一度も転ばないで自転車に乗れるようになった人はいません。転んで、痛い思いをして、ようやく自転車に乗れるようになる。仕事も同じです。最初からうまくできる人は、いません。

新入社員がいくら失敗しても、会社はつぶれない。だから、どんどん失敗をさせる。人間は、失敗からしか学べません。上司やお客様から叱られ、恥ずかしい思いをして、ようやく一人前になる。実力とは、「失敗の数」です。

学生時代は「記憶力」で勝負ができましたが、社会に出ると、「体験」で勝負することになる。その体験をさせるのが、社長の仕事です。

Point 「失敗」をさせるのが社長の仕事

迷っている内定者に

三流
どうせ優良企業にとられるから何もしない

普通
「ぜひ、来てくれ」と言う

一流
「他の会社に行ってくれ」と言う

内定を出しても、すぐに決められない学生が増えています。

2017年より二次選考を、学生と採用担当が1対1でカウンセリングをするやり方に変更しました。

今に至るまでのエピソードや学生生活、サークル、部活、アルバイトで担当していた役割などから、その学生の特性を洗い出し、どういう会社が合っているのか?武蔵野ではどう活かせるのか?時間をかけて落とし込みます。

いわば、武蔵野で働いたイメージを持たせます。志望度が上がった状態で最終選考に進むため、内定後の辞退者数は大幅に減少しました。

それでも決められない学生はいます。

武蔵野は内定後、7日以内に入社承諾書を提出しない場合は、内定の通知を取り消すルールです。

数年前までは、学生に合わせて1か月間の猶予を与えていたが、決められない学生は期間に関係なく決められません。承諾書提出がギリギリだった学生は、不思議と入社してからも、事あるごとに悩み、なかなか成果が出せません。

一方、すぐに決められる子は、入社後も活躍します。

決められない学生には「他の会社にいったほうがいいよ」とはっきり伝えています。強引に入社させて、すぐに辞めてしまってはお互い不幸です。「他の会社を選択したほうがいいよ」と伝えると不思議と「武蔵野に決めます」となります。結果、今期2019年卒採用は現在内定者25名で辞退者0名という成果を出しています。

Point **はっきり伝えると相手も動きやすい**

採用

三流
優秀な人を採用したがる

普通
ダメな人はとらないように気を付ける

一流
優秀な人とダメな人はとらないようにする

人間関係がうまくいっていない組織の特徴は、「優秀な人材を採用すれば、組織も優秀になる」と勘違いをしていることです。

組織を強くする（コミュニケーションを円滑にする）ために必要なのは、能力よりも「価値観を揃えること」です。

能力のある社員を集めても、価値観が揃っていなければ、組織はバラバラになります。したがってわが社は、能力よりも、価値観（考え方）を共有できることを重視しています。

価値観が揃っていると、「同じ優先順位で行動できる」「同じスピードで行動できる」ため、少しくらい能力が劣っていても、組織力を強化することが可能です。

ところが、多くの社長は、このことがわかっていない。

社員の能力が違い過ぎると、能力が高い社員も、能力が低い社員も、どちらもやる気を失います。

自動車にたとえて考えると、わかりやすいと思います。積んでいるエンジンのスペック（能力）に差があると、同じスピードで走ることはむずかしい。

軽自動車に乗っている人と、大排気量のスポーツカーに乗っている人を「同じスピード」で走らせると、軽自動車に乗っている人は、「スポーツカーにはついていけない」と諦め、一方でスポーツカーに乗っている人は「もっと速く走りたい」とストレスを感じます。

そこで武蔵野は、1500ccのエンジンを積む上司の下には、1000ccのエンジンを積む部下（あるいは、2000ccの部下）を配置するなど、上司と部下の能力差が出ない組織づくりをしています。

多くの社長は、「優秀な上司」の下に「仕事ができない部下」をつけたり、「それなりの上司」に「仕事ができる部下」をつける。しかし、

「優秀な上司」の下には、「優秀な部下をつける」

「それなりの上司の下」には、「それなりの部下をつける」

のが正しい。

なぜなら、同等の力を持つ人同士で組織を構成したほうが、切磋琢磨しやすいからです。すると、個人も組織も活性化して業績が上がります。

他の中小企業と比べると、武蔵野の離職率の低さは、「超異常」です。
なぜ、辞めないのかというと、「同じくらいの能力を持った社員が、同じ価値観の下で組織をつくっているから」です。

Point 人間関係のストレスも、解消することはできる

社員の意見が対立したとき

一流

「紙に書こう」と言う

普通

「話し合いで解決しよう」と言う

三流

どちらか一方の肩を持つ

話し合いだけでは、意見の衝突は解決できない

わが社の社員の中には、「論理」で動く社員と、「心理（感情）」で動く社員がいます。論理で動く社員も、心理で動く社員も、どちらも正しい。

けれど、論理で動く社員と心理で動く社員では、思考特性が異なるため、意見の衝突が起きやすい。最終的な目的は同じでも、「プロセス」に対する考え方に違いがあると、相手を許せなくなります。

富士山に登るのに、

「私は静岡側から登りたい」

「私は山梨側から登りたい」

とルートでもめるようなものです。

社員間の意見がぶつかったとき、多くの社長は、2人に「話し合い」をさせます。

ですが「話し合い」を続けると、しだいに論点がズレたり、自分の意見を押し通そうとする（相手の意見を否定しようとする）ことが議論の目的となって、解決策が見

出しにくくなります。また、職責上位や、声の大きな人の意見が通りやすくなって、公平性を欠くことになりかねません。

そこで、社員間の意見の食い違いが生じたとき、自分の意見を「紙に書く（付箋紙に書く）」ように指導しています。

以前些細なことでもめていたパート社員がいたが、そのときも、自分が思っていることを20個ずつ色の違う付箋に書かせました。その後、それぞれの付箋をホワイトボードに貼って、お互いに見ると、同じことを言っていることがわかりました。

話し合いは、最悪のコミュニケーションの1つです。論点がずれれば、まったくかみあいません。時間ばかりがかかります。

これを紙に書くと、共通点が見えてきます。これを深堀して、同じ意見は統合し、違う意見を残していけば、解決すべき問題点が明確になります。

結局、2人のパートは最後に仲良くなりました。今も仲良くしています。

話が長い人も、紙に書いて話をしたほうがよいと思います。

話しているうちに自分に酔って、話がダラダラし、相手に伝わらなくなります。

また、お互いの話をメモしていけば、矛盾点にも気づきやすくなります。

武蔵野の法律は、小山昇

それでも2人の意見がまとまらず、平行線をたどったとき、私は2人を呼んで、こう言います。

「Aさん、あなたの意見は正しい。

Bさん、あなたの意見も正しい。

2人とも正しい。

けれどじつは、2人とも正しくありません。正しいけど、正しくない。どういうことかわかりますか？　この会社の法律は、小山昇です」

Point 紙に書くと論点がずれない

第5章

ついていきたくなる人の条件

ついていきたくなる条件

三流

惰性でお金を消費する

普通

「形のあるもの」にお金を使う

一流

「形のないもの」にお金を使う

若いころは必要以上に、「貯金をしない」のが正しい

私が結婚するとき（44歳）、年収は2200万円ありました。けれど銀行預金は、たった「33円」しかなかった（笑）。

お金は、銀行ではなく、別のところに預けていました。歌舞伎町に（笑）。

給与が支給されると、数日で、全部使い切っていました。20代のころは、毎晩飲み歩いたり、麻雀をしたり。5人で36時間打ち続けたこともあります。部下ができてからは、自腹を切って彼らとの飲み会（懇親会）をしていたので、あっという間に、給与はなくなりました。

独身時代は、銀行にお金を預けようと考えたことは、一度もありません。

私は今まで、「形のないもの」にお金をつぎ込んできました。

「お酒やギャンブルにお金をつぎ込むのは、もったいない」と思われるかもしれませんが、そんなことはありません。

たしかに、惰性で遊べば、そのお金は「消費」になる。けれど私は、仕事も遊びも同じ頭で考えています。だから、キャバクラに行くことも、ギャンブルをすることも、無駄金ではありませんでした。「投資」です。

パチンコをするときは、多くの人は、「運」に任せます。だから勝てない。

私がパチンコで勝てるのは（勝率は7割）、「この機種の癖（プログラムルール確率）はどうなっているのか」、仮説を立てて、メモを取り、「なぜ出ないのか」「なぜ勝てたのか」の検証を繰り返しているからです。

経験を積めば積むほど、その価値は大きくなる

三流は、「形のあるもの」を手に入れるために、お金を使います。

ですが私は、「形のないもの」にお金を使います。「形のあるもの」は、最低限度持っていればいい。

「形のないもの」にお金を使うのは、「経験に投資をする」ことです。

物欲や所有欲を満たすためにお金を使うのは、「消費」（＝無駄金）ですが、「経験」

のためにお金を使うことを「自己投資」と言います。

「形のあるもの」は、減価償却して、少しずつ価値が減っていく。一方で「経験」は、時間が経っても目減りしません。それどころか、経験を積めば積むほど、価値が大きくなります。


私は、「形のあるもの」に使うお金を、昔も今も、持ち合わせていません。

娘が幼稚園に入園するとき、妻から、「子どもの様子を映像に残しておきたいので、ビデオカメラを買ってほしい」と頼まれました。

私の返事は、

「ダメ。使い捨てカメラで十分」。

結婚式のビデオ撮影と同じで、見直すかどうかわからないもののために、お金を払うつもりはありませんでした。

どうしても動画を残しておきたいのなら、ママ友が撮影した映像をあとでダビングさせてもらえばいいでしょう。

その代わり、「形がないもの」には、惜しみなく、お金を使います。

かつては、毎年、妻と娘をヨーロッパ研修に同行させました。ビジネスクラスを利用するので、1人100万円以上かかります。

日本では、同じ景色が延々と続くことはありません。北海道でも、せいぜい数時間です。ところがノルウェーでは、7時間も8時間も、同じ田園風景が続くことがある。すると、「田園」に対する概念が変わり、感性が養われます。

子どもに「形のあるもの」を買い与えるのではなく、感性が磨かれるような経験をさせてあげることが、親の務めだと私は思っています。

私は娘に、1000円のおもちゃさえ買ってあげたことはありません。しかし、3万5000円のコンサートには、何度も連れていきました。「生演奏」と「録音された音源」では、音の臨場感が違うからです。

娘は今、ピアノの勉強でフランスに留学中です。子どものころから、たくさんの「よい音」に触れた経験が娘を成長させたことは間違いありません。

社員への投資を惜しんではいけない

会社に置き換えると、「形のないもの」にお金を使うとは、「社員への投資を惜しまず、社員にたくさんの経験を積ませること」です。

人の成長なくして会社の成長はありえません。業界内の企業同士は似たりよったりで、ライバル会社もすでに同じモノを扱っている。つまり、扱うモノをいくら考えても、差が出にくい。

では、何で違いが出るのかといえば、最後は「人」の力です。

だから「人」への投資をやめてはいけない。お客様に選んでいただける「人」を育てるのが社長の役割です。

社員研修で一番の人気は、ラスベガス研修です。

1992年6月に成績優秀者を連れて第1回目を開催した。ホテルの大きさ（当時最大は5005室）やアトラクション等を体験させて、感動させる。レベルの違いから、自分の知識や体験が薄っぺらなことを体感させます。当時はラスベガスで一番ゴージャスで古い「ジュビリー」のバックヤードツアーの後に本物のショーを見せた。全員が感動する。翌日、NO1の「O《オー》」を見せる。全員がスタンディングオベーション。これが最高ではない。数多くの体験をさせ、変化対応力を学ばせている。研修スタイルはこの繰り返しです。昨年このショーが中止になり、現在はブルーマングループのバックヤードツアーとショーに行きました。

ラスベガス研修時は「気づきの研修レポート」(研修中に気づいたことを挙げてもらう)を書いてもらいます。2001年時に300個の気づきを書いてくれた人がいて、この頃から業績が変わり始めました。年々レベルがアップして2000個を超える気づきを得た社員が出た。2003年は2月7日~16日まで全社員を3班に分けてラスベガスに連れていきました。今は、入社4年目の社員全員を参加させています。社員が成長するのは、2回目参加からです。中嶋本部長は23回参加し、2013年からは、株式会社ヒカリシステム金光淳用社長に案内をお願いしています。

26年で55回近くラスベガスに来ました。辞めた社員を含めて500人を連れてきています。

ラスベガス研修では時代に合わせた変化対応力を学んでいます。その変化対応力が武蔵野の基礎を築いています。15年前はファミリーを対象にしていたホテルがアダルトにターゲットを変え、1990年はカジノの収入が一番だったのが、食事とショッピングの売上がこれを越えた。ラスベガスではお客様の状況によって色々なことが変わる。それを体感することで勉強できるのです。

Point 若いときは貯金をするな。「形のないもの」にお金を使え！

ついていきたくなる条件

三流
社員のプライベートに興味を持たない

普通
社員の個人情報はオープンにしない

一流
社員のプライベートに踏み込み、オープンにする

会社経営で最も大切な情報とは？

会社を経営する上で、最も重要な情報は、何だと思いますか？　それは、「社員のプライベート」に関する情報です。

武蔵野の「経営計画書」に、次のように明記されています。

「飲み会では、仕事だけではなく、プライベートのことや悩みなども聞く。とくに、部下の金銭にかかわる相談事は、社長に報告する」

世間は、「社長や幹部が、部下のプライベートに踏み込んではいけない」という論調も聞かれます。でも、本当にそうでしょうか。

私は、「社員の会社に対する忠誠心を高める」ために、社長も幹部も、過干渉にならない範囲内で、社員のプライベートに踏み込んでいくべきだと考えています。

社員が今どのような問題を抱えているのか、どうして成績が上がらないのか知ることができれば、社員の心の健康を守ることもできます。

プライベートで悩みを抱えている社員は、仕事が絶対にうまくいきません。

「子どもが生まれる」と聞けば、その社員の給料のことや、今後の生活のことを考えるし、「サラ金から借金をしている」と知れば、解決の方法を指示する。社員に代わって、私は20人の社員の返済でサラ金業者と交渉をしました。

社員が家を買うときは、値引きの手ほどきをする。私に言われた通りに不動産会社と交渉すれば、例外なく安く購入できます。値引き1００万円以上は12人で、トップは久木野厚則の３５０万円。２位は上野朝之の３００万円です。

また、アルバイトでありながら、住宅ローンの審査に通った人もいる。審査に通ったのは、私が彼のプライベートに立ち入って、「あの銀行ではダメだから、武蔵野と取引のある銀行にしろ」とアドバイスしたからです。

社長の個人情報も、社員の個人情報もオープンにする

家族の絆が強いのは、親が子どもの個人情報を共有し、プライベートに立ち入るからです。ところが、子どもが自立をすると、親子の絆が弱くなります。親と子どもの間に「情報の共有」がなくなるからです。

親友の絆が強いのは、「良いこと」も「悪いこと」も共有し、お互いのことがわかっているからです。そして、武蔵野の絆が強いのは、「私が社員のプライベートに入り込んで、社員の個人情報を共有しているから」です。

お客様の個人情報は絶対に守ります。しかし、社員の個人情報は、基本的にオープンです。入社時に個人情報を「オープンにしてよい」との承諾書を提出してもらっている。だから訳ありの人は入社しない。社員だけでなく、社長の個人情報もオープンです。

私が日曜日の午後にパチンコに通っていることも、かつては「歌舞伎町の夜の帝王」と異名をとったことも、歩くのは速いがおしっこは遅いことも（笑）、社員はすべて知っています。

社員一人ひとりが「武蔵野」という大きな家族の一員でいられるのは、お互いに個人情報をオープンにしているからにほかなりません。

「株式会社サンワ」（美術教材・インテリア雑貨の企画、製造、販売）の霜野武志社長も、「社員のプライベート」をできるかぎり聞くようにしています。

「最近では、内定段階から懇親会や飲み会を増やすようにして、私も幹部も、参加者（内定者）のプライベートの話を聞くように心がけています。すると内定者は、『この会社は、プライベートの話をするのが普通なんだ』と勘違いして（笑）、入社後も、話してくれるようになります。仕事のことも、個人のことも、何でも話し合える『仲の良さ』が、私どもの会社が就活生に選ばれる理由の1つになっています」（霜野武志社長）

また、「キンキ道路株式会社」（高速道路や自治体管轄の道路橋メンテナンス）の甲藤聖二社長も、「社員に関心を持つことが、コミュニケーションの第一歩である」と感じています。

「今まで、社員のプライベートにはあまり関心がなかったのですが、最近では、少しずつ踏み込むようにしています。

私には9歳になる息子がいます。先日、社員の1人から『匠真《たくま》くんはお元気ですか？』と聞かれました。社員が私の子どもの名前を覚えてくれていたことが、すごく嬉しかったんです。ですから逆に、私も社員にもっと関心を持って、社員のプライベートを話題にできれば、社長と社員の間に親近感が湧いて『一緒に仕事をしていこう』という一体感が醸成されていく気がしています」（甲藤聖二社長）

社員のプライベートを知ることは、「社員を守ること」

多くの社員は、「プライベートに入ってくるな」「立ち入られるのは嫌だ」と言います。それなのに、「もっと社員を大切にしてほしい」「もっと自分のことをわかってほしい」「もっと関心を持ってほしい」と会社に求める。

これは、矛盾しています。社長は、社員を大切にしたいと思っている。だからこそ、「社員がどのような状況にあるのか」「社員が何に悩んでいるのか」を知らなければならないのです。

私は、興味本位で社員のプライベートを知りたいわけではありません。社員のプライベートを知ることは、「社員を守ること」だからです。

社長は、社員のプライベートに関心を持つ。彼らの私生活の悩みまで共有し、親身になって解決する必要があります。

Point 社長は、社員のプライベートにどんどん踏み込め！

ついていきたくなる人の条件

一流

仕事よりも家庭を優先する

普通

家庭も仕事も大事にしようとする

三流

家庭よりも仕事を優先する

家庭がうまくいかない社員は、仕事もうまくいかない

「仕事」と「家庭」はどちらが大事だと思いますか？

私は「家庭が一番」だと考えています。

仕事のパフォーマンスは、家庭の状況に比例します。家族仲が良いと、いい仕事ができる。家族仲が悪いと、仕事のパフォーマンスも落ちる。

あるとき、ダスキン事業部の松渕史郎部長が、「今度、子どもの運動会があるのですが、その日は政策勉強会も開催されます。運動会は断るべきでしょうか」と言ってきたことがあります（政策勉強会は、土曜日に開催）。

私はすぐに、こう答えました。

「家庭が一番。だから、家族サービスをするのは当然のこと。全社員参加の政策勉強会より、運動会が優先です。運動会が終わったら、勉強会に戻ってくればいい」

家庭の平安あって、充実した仕事ができる。会社がどれほど儲かっても、社員（社長）の家庭が幸せでなければ意味がない。家族に支えられているから、仕事ができる。子育て中のパートにも、私は、「子育てが終わるまでは、家庭（子ども）最優先」と伝えています。

子どもが帰ってくる時間には、家にいてあげるのが「母親の理想」だと思います。そこでわが社は、パートに、「高い時給で短く働いてもらう」ように心しています。そうすれば、子育てに使える時間が増えるから、家庭を犠牲にすることがありません。

週に一度は、家族サービスをする

私は自他ともに認める仕事人間ですが、それでも、「日曜日は家族と過ごす日」と決めています。

午前中はリビングで雑事をして、14時から17時まで、パチンコに行く（最近は、妻も一緒にパチンコをたしなみます）。そのあとはお鮨屋さんに行き、カウンターで、鮨をつまみながら、妻の話を聞いています。こうした時間をとるだけでも、家族仲を健全に保つことができます。以前、「×月×日の日曜日、講演をしてください」という依頼を受けたが、「家庭が大切です」とお断りした。

仕事の充実のためにも、家庭に問題がないようにする。仕事に打ち込める家庭環境をつくるのも、社長の仕事です。

日曜日の仕事は社員の結婚式だけです。

Point 仕事のために社員の家庭を犠牲にしてはならない

ついていきたくなる人の条件

一流	普通	三流
「同じこと」を何度も教える	毎回「違うこと」を教える	何も教えない

「できない」と「やったことがない」は違う

新しいことをやらせると、「自分にはできない」「自分にはむずかしい」と答える社員がいます。ですが正確には、「できない」のではなく、「やったことがないから、できるかどうかわからない」だけです。

私は、中小企業の社長の中で、日本で一番ダンスがうまいと自負しています（ただし、上手に踊れるのは、ジルバ。これは当時右に出る人がいなかった）。歌舞伎町のグランドキャバレークラブハイツで、女性に「踊りませんか？」と声をかけると、たいてい、「私は踊れないので……」と断られます（笑）。

ですが、彼女たちはウソをついている。「踊れない」のではなく、「踊ったことがありません」と答えるのが正しい。

「はじめてのこと」「やったことのないこと」は、99％失敗します。失敗すると恥ずかしい。だから、やらない。けれど、やらなければ、できるようにはなりません。

仕事も同じです。

「モノを売ったことがない社員に、『こうやって売れ』」と言ったところで、売れるようにはならない。まず、売った体験をさせなければなりません。

人間は、経験のないものはうまくできません。だから、行動して、経験を積み上げる必要があります。社員に、「新しい体験」を与えることが、社長の務めです。

もちろん、知識を教わることは大事です。

私も、成功している人にたくさん教わってきた。けれど、教わったからといって、最初からうまくできるわけではありません。

他人から教わったことを自分で経験してみて、うまくいかないから失敗して、「どうして失敗したのか」を自分で考えてみる。そうやって行動と失敗を繰り返しながら、他人の教えを自分のものにしていく。人の成長は、行動と失敗の先にある。

小山昇が、「日本一ダンスがうまい社長」になれた理由

社員に「やったことがないこと」を覚えさせるには、何度も、何度も、同じことを「大量」にやらせて、少しずつ体得させていくしかありません。

中小企業で人材が育たないのは、社長が、毎回違うこと、新しいことを教えようとするからです。

ダンス教室に通う生徒は、ワルツ、ルンバ、タンゴなど、さまざまなダンスを覚えようとしますが、私はレベルが低いので（能力がないので）、ジルバしかやりませんでした。そのかわり、人の5倍も、10倍も、ジルバの練習をしました。

私が、「日本で一番ダンスがうまい中小企業経営者」になれたのは、ジルバだけしか習わなかった。上手になってからルンバを覚えた。

ダンスも、経営も、テリトリーを絞って、労力を集中させたほうが、結果が出ます。「いろいろできる」は、裏を返すと、「秀《ひい》でたものがない」ことです。なぜなら、すべてが中途半端になるからです。

わが社は、これまでに6000回以上、早朝勉強会を開催していますが、勉強会の教材は、基本的に、『増補改訂版 仕事ができる人の心得』（CCCメディアハウス）と「経営計画書」の2つだけです。

たくさんのテキストを使って、たくさんのことを勉強するのではなく、少ないテキストを使い、同じことを何度も繰り返すほうが人は成長します。

社員教育において大切なのは、質ではなく、「回数（量）」です。

「質の低い社員しかいなくても、継続的に20年間勉強させている会社」と、「優秀な人が入ってきても、20年間教育していない会社」とでは、前者のほうが、大きな結果を残すことができます。武蔵野の社員が成長しているのは、何度も、何度も、同じことを繰り返し勉強させているからです。

同じことを何度も言う社長は超一流

中小企業の人材育成では、たくさんのことを教えるよりも、1つのことを繰り返し教えることが大切です。

物事を理解させるには、同じことを重複させながら教えていく。社員から、「また同じことを言っている」と言われている社長は、超一流です。「また同じことを言う」から、前に聞いたことに積み重ねできます。

「株式会社アップルパーク」（駐車場および駐輪場の運営・管理）の山中直樹社長も、「同じことを何度も言わなければ、社員には伝わらない」と感じています。

「小山さんから、『社長は、社員から『また同じこと言っていますよ』と指摘されるようにならないとダメ』と言われたことが、身に染みています。1回言ったくらいでは、わかってもらえないですね。

経営サポートパートナー会員になったとき、当社の社員は20人ほどでした。当時はまだ私の声も届きやすかったが、50人を超えたころから、目が行き届かなくなって、会議を開いても、『聞いていない社員』が増えてきた印象です。

以前の私は、『同じことを2回も言ったら、しつこいかな』と遠慮して、2回以上言ったことがありませんでした。でも最近では、『何度も言わないと伝わらない』ことがはっきりしているので、社員には、『オレは同じことを6回は言うけれど、ボケているわけじゃないからね』と言っています（笑）」（山中直樹社長）

同じように「株式会社島屋」（建材・エクステリア）の吉貴隆人社長も、「社長は、何回も、何回も、同じことをずっと言い続けないといけない」と話しています。

「社員の力を借りなければ会社は立ち行かないので、社長の考えに賛同してくれる社員を増やしていかなければなりません。そのためには、小山さんがおっしゃっているように、『同じことを言い続ける』ことが必要です。

業務上の細かい指示は、状況に応じて変わることがあっても、『会社として、こういう方向に進んでいきたい』『こういう働き方をしてほしい』という最終的な目標に関しては、常に同じことを言っていますね。少しずつですが、私の考えに賛同してくれる社員が増えていると感じています」（吉貴隆人社長）

Point　社員教育は、質より量。同じことの繰り返し

小山昇（こやま のぼる）

株式会社武蔵野代表取締役社長。1948年山梨県生まれ。「大卒は2人だけ、それなりの人材しか集まらなかった落ちこぼれ集団」を16年連続増収の優良企業に育てる。2001年から同社の経営の仕組みを紹介する「経営サポート事業」を展開。2017年にはJR新宿ミライナタワーにもセミナールームをオープンさせた。

現在、700社以上の会員企業を指導し、そのうち400社が過去最高益となっているほか、「実践経営塾」「実践幹部塾」「経営計画書セミナー」など、全国各地で年間240回以上の講演・セミナーを開催。

人を動かしたいなら、「やれ」と言ってはいけない

2018年7月30日　初版第1刷発行

著　者	小山　昇
発行者	小川　淳
発行所	SBクリエイティブ株式会社 〒106-0032 東京都港区六本木2-4-5 電話 03(5549)1201(営業部)
装　丁	竹内雄二
本文デザイン+DTP	一企画
編集協力	藤吉豊(クロロス)
編集担当	多根由希絵
印刷・製本	文唱堂印刷株式会社

落丁本、乱丁本は小社営業部にてお取り替えいたします。
定価は、カバーに記載されております。
本書に関するご質問は、小社学芸書籍編集部まで書面にてお願いいたします。
ISBN978-4-7973-9323-1